古人生活与文化图鉴

浪花姜的华夏百科

浪花姜 著

万卷出版有限责任公司
VOLUMES PUBLISHING COMPANY

果麦文化　出品

序

蹲在历史的墙角

我这个人爱好颇多，也爱看点书。

爱看书的人，一般不会将看书当成一门爱好。但看书这件事，确实对我影响很大。

人为什么会喜欢看书呢？因为对这个世界好奇。你来人间一趟，总要尽可能装点什么走吧？所以准确来说，我的爱好是寻找那些我好奇问题的答案。这本书写的正是我的好奇、我的爱好。

在我还是个小孩的时候，未来离我太远，我便对过去发生的事情与答案感到好奇。有人要问了：科学是无止境的，数理化不是也很适合启发思考吗？答案很简单：我理科不好。

写书是个正经事，而我又不算是常规意义上的作家，于是就有了这本"不太正经"的书。

为什么这么说呢？因为在我从"看书人"到"写书人"之间，还有一个身份：自媒体博主。如果没有自媒体，我顶多是个看起来懂很多没用知识的小镇青年，但无的放矢，没有人听我说白话。感谢书籍，让我成了我。感谢网络，让大家了解我。这话朴实得有点粗糙，却很真实，符合一个祖辈皆为山东农民的青年的价值观。

不过，我承认自己还是或多或少有一点读书人的"矫情"。

做自媒体之初，每每被冠以"历史博主"或"知识博主"的称号，都让我尤为惶恐。但时间一长，竟也习惯了，人就是这样。但这份习以为常依旧改变不了我对历史了解之粗浅，并且我从未因此奋发苦读，也从未因此自惭形秽。

因为我"矫情"地认为：我有我要做的内容，我有我想分享的快乐。

我讲述的内容，轻松、有趣、真实，就挺好。至于抒发观点、鞭辟入里，以至于文章深处满堂皆彩，如此者，非不为也，实不能也。

什么样的人不正经？凡事不往心里去的人。这样，人轻松，书看起来也轻松。

这是一本轻松的小书，分为两个部分，翻一下目录你就知道了。很多人对历史不感兴趣，觉得我们与古人中间隔了一堵巨大的墙，觉得古代是如同另一个世界般的存在。

其实，时间是层层过滤的，我们看明朝人是古人，明朝人看汉朝人也是古人。古人没那么古，我们也都会作古。大家都是生活在华夏大地上，多点少点三万天的人。

历史书上的精英故事，对我们现代人而言很遥远，对那个时代的普通人而言，同样遥远。只是我们看多了古装剧中帝王将相的叙事，顺理成章地以为他们更能代表历史，而忽略了真实世界中的芸芸众生。

为什么要说这个呢？因为我发现，我们一直对"古人如何过日子"这种寻常事情非常陌生，甚至觉得不重要。汉朝人早晨吃什么饭？唐朝人喝什么酒？去博物馆如何快速认识玉器和青铜？去景区如何分辨不同的建筑？甚至，古代人死了都怎么埋？

这些你可能好奇过却从未仔细了解过的问题，正是这本书要解答的。

与讲述历史权谋与天下兴亡的作者相比，我更像一个蹲在历史的墙角，偷看古人如何过日子的闲人。书中的内容，是华夏古代生活小百科，有点像大闲人张岱网罗的《夜航船》学问，少一点世俗功用，多一份有趣和纯粹。

但如果谁要说这些知识完全没用，那我则要不忿了。从"日常"到"文化"的每一篇内容，都能成为你聚会聊天时震惊四座的冷知识。青铜器、玉器、古建筑、墓葬等内容，对你出门旅游会很有帮助，让你从景区到博物馆，不再走马观花，不再当文物脸盲。

我一直认为，古人从不是板着脸的老学究，他们应该是一群鲜活的人，在他们应有的岁月里吃饭、劳作、熬夜、盖房子、琢磨着生死，就像你我今天做的事一样。只不过他们端起的碗里，盛着千年前的月光。

我们抬头看天，月亮还在。

只要生活还在继续，有趣的故事就不会完结。

感谢这个人人有书读的时代，感谢编辑团队每一个人的辛苦付出，感谢抖音伙伴们的一路支持，感谢看过我视频的观众。当然，更谢谢你，我的读者朋友。

浪花姜

2025 年 7 月 7 日于遛狗公园

目录

日常篇

中国无疑是世界上最重视吃的民族。

在这片神奇的土地上，似乎所有节日的最终目的都是吃。

一方面，我们是农耕民族，几千年的家本位观念形成了对围坐团圆的渴望；

另一方面，我们的先祖在历史上真的饿了太多次，饿怕了。

中国人真正吃饱、吃好的日子，不过几十年。

华夏千年干饭史

我们常说"民以食为天","食不厌精，脍不厌细"，见面寒暄的第一句也总是问对方"吃了吗"，可见，吃饭是天大的事。

在刀光剑影的历史纷争里，那数不尽的政权更替背后，其实只有一个核心问题，那就是老百姓的吃饭问题。但凡能吃饱饭，老百姓为什么要造反呢？老祖宗管"没事找事"叫什么？吃饱了撑的。

几千年来，老祖宗都是吃什么才一步步活下来，有了今天的我们？搞懂这个问题，很有必要。

从采集到种植

今天的主食有三大派系：谷类、豆类和薯类。

谷类，就是有壳的粮食，比如：小麦、大米、高粱、小米等。豆类包括：红豆、绿豆、花生等。薯类有时也叫根茎类，像红薯、土豆、芋头、山药，都属于薯类。

我们常说的"五谷"是：稻、黍（shǔ）、稷（jì）、麦、菽（shū）。

稻是水稻，去掉壳就是我们吃的米饭。黍是大黄米，北方有时也叫糜子，用它可以做黄米凉糕、黄米面馍馍。稷还有一个名字，叫粟，其实就是小米，黄色的，煮饭、煮粥都可以。麦，就是麦子，人们一般会将其磨成面粉再做食物。菽则是豆类的总称。

从古至今，中国人的主食并不是一成不变的。

据专家推测，在距今约一万两千年前，发生了"新仙女木事件"，突然的降温让植被大面积减少。对于我们的祖先来说，原本只要出门转一圈，采点果子就能把肚子填饱的日子一去不复返了。

饿到两眼无光的人类随手薅了几棵草穗子，搓掉外壳，留下芝麻粒大小的谷物。虽然少，但好歹可以吃，只要多收集一点，用来填饱肚子应该问题不大。于是，一万多年前的黄河流域，忍饥挨饿的老祖宗驯化了野黍和狗尾草。野黍后来成了黍；狗尾草则成了稷，就是小米。

为了能更好地种植粮食，渐渐地，人类定居下来，聚集起来。部落成了村落，村落成了城市，城市成了国家。人类也发现了粮食的绝佳优势：能吃、能种、能储存。

能吃，解决了当下需求。能储存是短期需求，主要的粮食作物都是可储存的，这是果子和肉类比不了的。能种是长期需求。这样一来，才能可持续发展，生生不息。

黍稷商周革命

商周时期，黍是绝对的主角，稳居华夏主食元老之位。

黍很耐旱，不光能吃，黏性还很大，适合酿酒。"黏"这个字，左边就是"黍"字。商朝出土的青铜器中，酒器众多。在那样一个重视酒的时代，黍的地位可想而知。

那么，黍后来为何会被稷（小米）取代呢？一方面，黍的口感和产量不如稷；另一方面，是由于商周换代。周朝建立，周公有感于商朝人沉湎于酒色而亡国，开始实行禁酒政策，这就极大限制了黍发挥酿酒的功能。于是，黍的地位就慢慢下降了。

到了孔子的时代，有一次，鲁哀公请大家吃东西，给每个人端上了黍和桃子。孔子抓起黍就吃，然后又开始啃桃子。旁边的贵族都纷纷笑话孔子：到底是土老帽，这黍不是用来吃的，是用来擦桃毛的！孔子却说：黍是五谷之长，桃子在祭品中都是下等货色，以上等来擦拭下等，有损礼义。这个故事就叫"以黍雪桃"。

孔子这段话跟我的记忆呼应上了。小时候我总听老人讲："上坟不摆四果，桃子不上供桌。"桃子寓意着长寿，当作祭品实在是不合适。但我觉得，孔子这么说黍和桃，还有一层私心——孔子说过自己是商朝人的后裔，商朝人后裔更看重黍，也是情理之中。

黍退场后，北方第二代代表——稷登场了。

这个从狗尾草驯化而来的植株，扛起了填饱人民肚子的大旗。因此，"稷"这个字成了农业的代指。对于种地的民族来说，最重要的就是土地和粮食，因为重要，所以才希望有神明来守护，于是就有了掌管土地和农业的神灵。

管土地的是土地神，也叫社神；管农业的农神"后稷"正是周朝人的先祖。有稳定的土地和粮食，政权就能稳固，所以天下也叫"社稷"。稷的另一个名字"粟"，则成了粮食的代指。"春种一粒粟，秋收万颗子"中的"粟"，指的就是粮食。

江南稻作

就在黍、稷两位北方代表交替登场之时，南方的主食就显得非常稳定。从发现到种植，稻子——我们最熟悉的大米，牢牢占据了南方人餐桌的 C 位。

中国是世界上最早栽培水稻的国家。秦汉以前，北方一直有稻作农业，但因为对水利灌溉的要求很高，所以总体占比小。随着一次次的中原战乱，人口南迁，北方先进的种植技术也被带到南方。水稻得以在南方地区广泛种植，地位也大幅提高。

大家有没有过这样的困惑——水稻是江南水田的产物，但为什么东北大米这么有名？这是因为东北虽然地处北方，但不缺水。松嫩平原和三江平原都水系发达，冬天的大雪在开春融化后也是水源，再加上东北肥沃的黑土地，这让东北大地成了重要的北方水稻产区。

麦：北方第三代代表

主食发展到今天，形成了"南稻北麦"的格局。

小麦原产于西亚地区，早在五千年前就传入了中国，但在很长一段时间里，小麦都无法普及，一个重要原因就是：小麦吃起来太费事了。

小麦的外面包裹了一层皮，这导致蒸熟的麦饭非常粗糙。我还特地买过麦子，泡水后放电饭锅里煮熟，即便嚼烂了也难以下咽。但是，吃货民族总有智慧。不好脱皮？口感粗糙？没关系，那就把你碾成粉末！

汉朝，石磨与小麦的组合震撼登场。倔强的小麦成了细腻的面粉，粒食变成面食。当面粉遇上水，又演化出了无限精彩。于是，面食开始蓬勃发展。到南宋，小麦已经成功取代小米，成为北方第一主粮。

北方第三代主食——麦，正式登场，并笑傲至今。

在河南，有一种独特的麦子吃法——碾转：把新鲜的青麦脱壳炒熟，然后用碾子碾压，碾成一根根绿色的条状物，凉拌或烹炒都可以。这是以前青黄不接的时候，农民制作应急口粮的方法。

大麦的传播路径跟小麦差不多。不过，在自西向东传播的过程中，一种高原大麦在青藏高原找到了自己的专属主场。它就是西藏人的主粮、制作糌粑的原料：青稞。糌粑是一种炒面，可以和着酥油茶、奶渣和糖一起吃。类似的主食还有西北地区的莜面，是由一种叫莜麦的燕麦制成的。

高粱的春天

高粱也是一种粮食作物，同时它还非常适合酿酒。

以前朝廷征税，普遍收实物税，百姓需要上交固定数额的粮食和绢。明朝定都南京，江浙和两广地区往南京运粮食，成本倒还能将就。可等到朱棣迁都北京，南方往京城运粮运物的路途就比较遥远了，路上的损耗太大。

于是，明朝正统元年开始，允许南直隶、浙江、湖广、两广、福建等地把实物税折合成白银来征收。再后来，张居正推行"一条鞭法"，除个别地区外，各地都用白银交税。

这样一来，就有人开动小脑筋了：高粱这东西当粮食卖，不怎么值钱，可如果酿成酒，就能卖上高价，再折合白银换算，一来一回岂不是暴利？于是一下就开起了许多酿酒作坊。

后来，清朝推行禁酒政策，是因为皇帝认为大灾之年还用粮食酿酒，于国于民皆不利。可终究是屡禁不止。多年以后，相似的一幕还将在大洋彼岸的美国再次上演。

可不要小看高粱这种作物。高粱酒是抗战时期极为重要的税收来源，而且高粱还被制成酒精等物资，为抗战期间的国防工业和前线医疗做出了很大贡献。

中国工农红军第五次反"围剿"失败后，被迫离开中央苏区开始了长征。毛主席凭借四渡赤水的惊世战术让红军队伍脱困。三渡赤水时，红军经过贵州茅台镇，食物和医疗用品都很短缺的革命队伍眼前，却有数之不尽的高粱酒。这些高粱酒，使疲惫不堪的革命队伍获得了短暂的身心慰藉。

菽：六边形战士

说完了稻、黍、稷、麦，五谷里还剩下一个菽，也就是豆类。

中国是大豆的起源地。据史书记载，大豆是齐桓公从北方山戎那边引进的。在先秦，豆类是老百姓的重要食物来源。有个词叫"豆饭藿羹"，意思是用豆子当饭，用豆叶做羹汤。

中国人对豆类可称得上是物尽其用：豆子能当主食、能蒸、能煮、能炒、能焖；豆子磨成豆浆能当饮品；豆子还能榨油；榨完油的豆粕是重要的饲料；豆子还可以发酵成豆豉或大酱，这两样都是重要的调味品；更"离谱"的是，中国人还发明了豆腐，这直接给华夏饮食单独开了一个门派；豆秸还可以用作燃料，也叫豆萁。

"煮豆持作羹，漉豉以为汁。萁在釜下燃，豆在釜中泣。

本自同根生，相煎何太急？"（《七步诗》）事关生死的关键时刻，是豆子给曹植提供了灵感，七步成诗，成功自救。

然而，就是这么一个懂事又听话，没有毛病的作物——大豆，却让我们吃了国际贸易的大亏。中美大豆战争的种种不做赘述，如果你了解过，或许更能体会粮食危机的可怕与国际贸易的残酷，以及"袁隆平们"为什么值得我们歌颂与怀念。

2019 年，国家发布《大豆振兴计划实施方案》，推动大豆自给率提升，避免在国际贸易中受制于人。这条道路任重而道远。

菰米：意外淘汰的谷物

五谷聊完了，还有一个颇为重要的粮食没提到，就是菰（gū）米。

菰米（又称雕胡、菰粱）不在"五谷"之中，却是以前的"六谷"之一。菰米是一种名叫菰的植物结出来的籽，长得像铁钉，它像水稻一样，生长在水里。因为产量低，在古代是很昂贵的存在。唐朝人很喜欢吃菰米。李白有诗云："跪进雕胡饭，月光明素盘。"（《宿五松山下荀媪家》）元稹

也说："杂莼多剖鳝，和黍半蒸菰。"（《酬乐天东南行诗一百韵》）

北宋以后，北人南迁，水田都用来种水稻了，产量低的菰米越来越没有立足之地，再加上菰感染了黑粉菌之后，茎部膨大，就不结菰米了。这非常遗憾。但吃货民族本着什么都试一试的态度，尝了尝菰染病后膨大的茎部：哟，还挺好吃，有了这个还吃什么菰米？

于是，这种植物就从粮食作物变成了蔬菜，就是我们今天常见的茭白。

远洋而来的"四大金刚"

说完了本土作物，我们再来聊聊几个"后生"，也就是明清以来才在华夏大地立足的四大外来作物：玉米、花生、红薯、土豆。它们深刻地改变了中国的农业结构和人口格局。

玉米原产自美洲，于16世纪传入中国。玉米在古代有很多种叫法，今天的叫法依然多样：东北叫苞米，山东叫玉豆或棒子，还有的地方叫六谷，意为五谷之外的最常见的作物。

玉米不挑地方，从南到北都能种。稻子不好生长的地方，就由玉米大展身手。清朝乾隆年间，玉米在福建等地的推广种植，解决了当地的饥荒。

再说说土豆。当时的人们觉得土豆形状像马铃铛，所以称它为马铃薯。明朝，土豆就已出现在宫廷之中了，虽然只有只言片语的记载，但此时，土豆的名字已经确定。

在人口爆发的清朝康熙、乾隆时期，关于土豆的记载依旧寥寥。土豆真正被广泛记载和食用，要到嘉庆、道光年间了。这时的土豆，在饥荒中救活了很多人。因为是远洋而来，它还有一个名字——洋芋。

对于大部分国人来说，明明是作为碳水的土豆，却更多地被当成配菜来食用——这与西方人把土豆当作主食不同。不过，土豆不论是做成炒土豆丝还是炸薯条，都很好吃，都有忠实的受众。

中国是目前世界第一大土豆生产国。2015 年起，中国还启动了"马铃薯主粮化战略"。目前我国四大主粮依次是稻米、小麦、玉米、土豆。在可期的未来，土豆的地位还将步步攀升。

另一个对中国人影响重大的薯类，是红薯，也叫番薯、地瓜、红苕。

大家或许从课本上学过明朝的陈振龙从菲律宾偷偷把薯

藤带回国培育的故事。但真正将红薯培育推广的，是明朝人徐光启。

徐光启实在太过传奇，军事、水利、数学、农业、天文、历法、政治，没有他不会的。徐光启大力推广红薯种植，留下了《甘薯疏》，救活了无数人。上海徐家汇的"徐家"，指的就是徐光启他们家。

在过去的一百多年里，红薯对于中国人填饱肚子这件事，确实做出了重大的贡献，有记载："他谷皆贵，惟薯独稔，乡民活于薯者十之七八。"（《朱薯疏》）

在我所处的生长环境，从我往上再数三代人，养活他们的不是大米和白面，而是红薯和玉米。他们是靠玉米饼子、棒子面、地瓜干、地瓜秧，甚至磨碎了花生壳来果腹的。

这就是我的祖辈和父辈，他们如今都还健在。在很长的岁月里，他们都对任何红薯类食物望之色变，不自主地胃里泛酸——那些年红薯吃得太多了！但他们对红薯亦充满敬意，幸而有红薯，得以活下来。

远洋而来的四大作物，我们说了玉米、土豆、红薯，还有一个花生。花生也叫落花生、地豆、番豆等。目前，花生除了食用之外，主要是用来榨油。

仔细看"花生"二字，这名字起得真好，两个字概括了它的生长历程。花生是埋在土里的，植株开花授粉之后，会长出一根果针，插到地下继续发育，然后结果，这个过程就叫下针，花落后生，故名"花生"。

我听过很多老一辈人在灾年中关于花生的记忆。还有大才子金圣叹上刑场前的临终遗言："儿子，记住咯，豆干和花生一起嚼，有火腿味！"也让人记忆深刻。

鉴古观今，从中国人主食的变迁中，我不由得感慨，还是生活在今天这个时代最好。"今我何功德，曾不事农桑。"（《观刈麦》）希望读到这里的你能继续保持珍惜粮食的传统美德，这也正是我们了解华夏主食的初衷。

古人吃肉史

《曹刿论战》中，一句"肉食者鄙"，讽刺了当权者的无能，又隐含了一层现实——古代不是谁都能吃得起肉的。

商朝的建立，据传与一个"吃肉"的故事有关。

有一天，夏王朝统治下的商部落首领成汤，见到一个"背锅人"。此人背着煮饭的鼎和砧板，问成汤：老大，六条腿的王八吃过没？大象的里脊啃过没？凤凰下的蛋尝过没？会飞的鱼吃过没？

成汤心想：别说吃了，我听都没听过。

这人又问：阳朴之姜、招摇之桂、玄山之禾、不周之粟、江浦之橘、云梦之柚，您总吃过吧？

成汤听着都要流口水了，连问在哪里能吃到。

这人面露难色：这些食物的产地都在你的疆域之外。但是夏桀昏庸暴虐，不得人心。你可以取而代之，到时候，什么好吃的都有了。

成汤一拍大腿，有理！于是成汤灭夏，建立商朝。这一切离不开这位拱火的厨子的辅佐，他就是中国历史上第一位名臣——伊尹。

从出土的商朝甲骨中可以看出，商朝能吃到的肉类除了猪、牛、羊、狗、鸡，还有鹿、豹、熊等野味。最离谱的是，殷墟还挖出过鲸鱼骨头。河南离大海这么远，食用估计是不太现实，估计是进贡个骨头给商王开开眼。

周天子食"八珍"

到了周朝，由于对饮酒严加管束，人们自然把全部精力都放在了吃上。在史书里，记载最详尽的莫过于周天子的饮食了。

周天子要吃饭，那排场可大了，有一个专职部门负责从选食材到烹饪的完整流程。光是出门抠蚂蚁窝、掏鸟蛋、抓蛤蟆、捞田螺的都得几十个人。这群公务员每天的工作就是带着网兜子，蹦蹦跳跳去捉小鱼小虾。

管理整个制作流程的人被称为"太宰"，这不只是一个管宰鸡、宰羊的官职，而是相当于周王的管家，掌管王室的内外事务。随着周王室没落，后世的太宰也不再掌控大权，但影响却深远。春秋时期，部分国家的宰相就称为太宰。

周天子平日都吃什么肉？我们来看看有名的"周八珍"：淳熬、淳母、炮豚、炮牂（zāng）、肝膋（liáo）、渍、熬、捣珍。（《周礼·天官·冢宰第一》）

淳熬，就是用肉酱浇在稻米饭上。这个肉酱有个专门的称呼，叫醢（hǎi），由专门的部门负责制作。用醢浇在稻米饭上再淋点油，就是一道菜，说白了就是个肉酱盖浇饭。

周朝常吃的酱有两种，一种叫醢，另一种叫醯（xī），但这两种酱都不是用豆子做的。

在古代，能做醢的原材料很多，除了鹿、鱼、兔、大雁的肉之外，还有蜗牛或田螺肉做成的蜗醢、蚂蚁卵制成的蚳醢。据史书记载，蚂蚁卵做的酱还是相当受青睐的。不同的食物搭配不同的酱料。孔子说过："不得其酱，不食。"（《论语·乡党》）意思是：酱如果搭配错了，那我不吃。

商周之所以都爱用肉酱佐味，无非是因为当时能吃到的调料太匮乏了。

《尚书》记载："若作和羹，尔惟盐梅。"调味料只有咸的盐和酸的梅，最多再加上酒。那时候的制盐技术落后，盐的味道跟今天差别很大，因此贵族们宁肯用肉酱来调味。

说回到周八珍，第二道菜叫淳母。它跟淳熬唯一的区别就是把稻米饭换成了黄米饭。没错，它本质上也是一个肉酱盖浇饭。

接着的两道菜是炮豚和炮牂。豚是猪，牂是羊羔。看名字就知道，这俩的制作工艺如出一辙——都是拿泥巴裹食材，再用火烤，烤好了再取出挂糊，放油里煎，然后蒸熟，最后出锅，菜肴就完成了。有点类似今天叫花鸡和烤乳猪的做法。

这第五道肝膋比较特别：用狗肠网油包裹狗肝烤熟，再用狼的胸口油和稻米熬成粥食用。那个味道，你就琢磨去吧。

渍，就是把生牛肉切片后放在酒里浸泡，再蘸调料吃，跟现在的生食牛肉、生腌差不多一个道理。

熬，就是把牛肉、鹿肉等捶碎，再与姜桂、盐等混合，铺平烘干，类似今天的肉脯。

最后一个捣珍，是把牛、羊、鹿等动物的里脊肉捶烂。煮熟后，团成肉泥来食用，类似今天的肉丸。

猪、牛、羊

周八珍虽然稀奇，但纵观华夏食肉史，古人吃的肉还是围绕六畜来展开的。除了秦汉时期对狗肉情有独钟外，肉食一直是猪、牛、羊的天下。

我们的老祖宗早就驯化了野猪，将猪纳进六畜之一。古人养猪，除了利用其排泄物当作肥料外，主要是用来食用。现代考古中，不论是陶寺遗址还是大汶口遗址，都有猪骨出土。这说明猪是先民最早的肉类来源之一。

猪肉的地位比牛羊肉要低很多。这是因为当时的阉猪技术不成熟，猪肉的味道并不好。

另外，古人觉得猪吃的东西不干净。这是因为，古代是用"上厕下圈"的房屋形式来养猪。猪吃的是什么，可想而知。

春秋后期，牛被广泛应用于耕地务农中。汉朝铁犁普及，牛成了农耕时代的生物拖拉机，是生产和生活中必不可少的牲畜。"王法禁杀牛，民犯禁杀之者诛。"（《淮南子·说山训注》）意思是：杀牛是要偿命的。

屠户，则成了中国历史上非常有影响的一个职业。

《史记·刺客列传》中记载了五个刺客：曹沫、专诸、豫让、聂政、荆轲。其中，专诸和聂政都是屠户。最有名的荆轲虽不是屠户，可他的好朋友高渐离是个屠狗之辈。在荆轲刺秦失败后，高渐离步其后尘，行刺秦始皇失败后被杀。

当然，最有名的屠狗之辈还得是樊哙。当年有个叫刘季的小混混，天天吃狗肉不给钱，樊哙也不计较，二人还成了朋友。后来，刘季混出了名堂，改名为刘邦，建立了大汉王朝。屠户樊哙也因屡建战功得以封侯拜相。当年付出的那点免费狗肉，成了最具含金量的政治投资。

三百余年后，"汉室倾颓，奸臣窃命"（《隆中对》）。《三国演义》中写道，有一位汉室宗亲，见大汉将倾，欲申大义于天下，却苦于没钱又没人。此时，又一位张屠户挺身而出。一帮理想主义者建立的蜀汉政权，也是始于张飞的第一桶金。

古代的屠户真是一个神奇的群体，出了很多将才。难怪后世有人言："古贩缯屠狗之夫，俱足助成帝业。"（《明史·刘定之传》）王安石也有诗云："天下纷纷未一家，贩缯屠狗尚雄夸。"（《邵平》）不过最有名的还得是曹学佺那句："仗义每多屠狗辈，负心多是读书人。"

隋唐之后，受北方游牧民族饮食习惯的影响，狗肉渐渐淡出了主流餐桌。

大吃货苏东坡，无所不吃，但却指责屠狗人："（狗）死犹当埋，不忍食其肉，况可得而杀乎？"（《记徐州杀狗》）这也说明了狗在当时社会中地位的变化。

南北朝和隋唐时期，南北方相互影响，羊肉逐渐成为最主流的肉类。

在唐朝，羊是作为俸禄发放的。亲王以下的二品大官，一个月发二十只羊；三品大员一个月发十二只羊，四品、五品官一个月也能有九只羊。足见唐朝人离不开这种美味。

要说最爱吃羊的朝代，那还得是宋朝。苏东坡当时被贬到惠州，吃不上羊肉，只能买点羊脊骨啃一啃。他给弟弟苏辙写信说：啃羊脊骨就跟吃螃蟹腿一样，只是啊，这东西被我吃完，狗没东西吃，该不开心了。苏东坡一贯的乐观主义中也透露着辛酸。

如今人人传颂的东坡肉，估计有附会之嫌。苏东坡做猪肉，一言以蔽之就是猪肉切块，小火慢炖。虽说跟今天的东坡肉相去甚远，却也表达了人们对苏东坡的肯定与敬仰。

随着南宋偏安，远离北方，羊肉的价格越来越贵。与此同时，南方丰富的水域资源，也为那时的人们提供了各种水产。这下，吃羊肉的人也变少了。猪肉弯道超车，重新成了六畜中的佼佼者。

元朝以来，阉割技术逐渐完善。到了明代，猪肉在餐桌上的地位明显提升。女真人在关外就有养猪的习惯，入关后，自然也把对猪肉的喜好带进了紫禁城。

如今，我们吃的猪都是白皮猪，是 20 世纪 50 年代引进的外国品种。中国本土的猪大部分是黑色的。猪八戒在以前的画像里就是黑猪的形象。

鱼

刚才提到的肉类主要是兽肉。但我们日常的肉类来源还有鱼类和禽类。

文明早期逐水而居。鱼类自然而然成了重要的食物来源。中国古代能吃到的鱼，主要是鲈鱼、鲤鱼、鲫鱼、鳜鱼，还有河豚、鳖类、贝类。

甲骨文中就有"用网捕鱼"的字形。《诗经》中，鱼的出场频率更高。《小雅·六月》写宴饮时说"炰鳖脍鲤"，《陈风·衡门》中写有"岂其食鱼，必河之鲂"。从贵族到平民，鱼都是常见肉食。

周朝设立了"渔人"官职。负责王室捕捞事务，还负责向诸侯国征收渔税。

汉朝的画像石上，也有古人烤鱼吃的生活场景。

除了烤鱼，古人还喜欢吃生鱼片，也就是我们所说的"鱼脍"，还有腌渍的咸鱼。这些鱼肉的处理方式，和今天并无区别。

与农业种植和家畜豢养一样，人类对于鱼肉的追求也经过了从野生捕捞到人工养殖的漫长演进。《齐民要术》中"以六亩地为池，池中有九州，求怀子鲤鱼长三尺者二十头，牡鲤鱼长三尺者四头，以二月上庚日内池中令水无声，鱼必生"的记载，说明古人已经熟练掌握了鱼类的池塘养殖。

禽类

新石器时代的遗址中，经常挖出鸡、鸭、雁的骨头。说明那时的古人，就开始吃禽肉了。

到了夏商周时期，禽类就不只用来填肚子了。商王猎野禽，商朝人还拿禽肉来祭祀。祭祀的禽类分等级，大雁、天鹅是贵族用的，普通百姓就别想了。

《越绝书·吴地传》中记载："娄门外鸡陂墟，故吴王所畜鸡，使李保养之，去县二十里。"说明在先秦时期，就已经有大规模养鸡场了。

秦汉之后，养鸡、养鸭越来越普遍。汉朝的画像石上，常有杀鸡、宰鸭的场面，跟现在农村办席似的。

唐宋更热闹，市集上卖活禽、卤禽的铺子到处都是。杜甫诗里写"鹅儿黄似酒"（《舟前小鹅儿》），陆游也作"蒸鸡最知名"（《饭罢戏作》）。《东京梦华录》里的汴京街头，油光锃亮的烤鸭、烤鹅的香味能飘半条街。

到了明清，各地都有了特色禽菜。北京烤鸭、南京板鸭、广东烧鹅等菜品，不光好吃，还成了地方名片。

回顾中国历史，各种资料中少不了关于饥荒年月的记载。大部分中国人能尽情吃肉的历史，其实也不过两代人。时代一直在进步，但同时，世界上有很多地方，仍有人不得温饱，仍有人正在饱受战火的摧残。这让我一直对人类命运共同体的构想报以崇高的敬意与期待。

种菜民族自古缺菜?

中国人对种菜的执念是刻进 DNA 里的。

刘备寄人篱下时，被曹操称"在家做得好大事"，那时他种的是大头菜。陶渊明"采菊东篱下"，也不忘"晨兴理荒秽"，虽然得到的只有"草盛豆苗稀"。

时至今日，从东南沿海到青藏高原，从中东沙漠到南沙岛礁，从南极科考到非洲赤道，从阳台的泡沫箱子到大棚的无土栽培——只要有中国人的地方，就一定有菜地。即使我们的火箭探测器已经登上月球与火星，很多老百姓依然会关注一个问题：月球和火星能种菜吗？

中国人爱种菜，除了自身的农耕属性和对饥荒的恐惧外，还有一个原因：不论身处何地，只要能种菜，就代表能活下去，能扎根，那么生活还是充满希望的。然而，种菜民族却自古缺菜，今天我们能吃到的大部分蔬菜，几乎都是外来作物。

《黄帝内经》记载："五谷为养，五果为助，五畜为益，五菜为充。"这里提到的"五菜"就是五蔬，即古人最常吃的五种蔬菜：葵、韭、藿、薤、葱。

五蔬：葵、韭、藿、薤、葱

古人的吃菜史，我们从五蔬的"葵"讲起。

葵，不是向日葵，是中国本土的葵菜，也叫冬葵、露葵、滑菜。葵的叶片上有小绒毛，菜梗中有黏液，吃起来滑溜溜的。古人采摘葵的叶子，煮熟或做成羹食用。

葵有"百菜之主"的称号，地位等同于今天的大白菜。"青青园中葵，朝露待日晞""春谷持作饭，采葵持作羹"，这些诗句都说明了葵菜的食用在古代十分普遍。

现代人把葵叫作冬苋菜或冬寒菜。如今，我国的西南地区还在食用葵，但葵在蔬菜界的王者地位早已一落千丈。

与葵菜命运相反的，是葵的近亲——秋葵。2008年北京奥运会，秋葵作为"奥运蔬菜"为国人熟知。之后秋葵一路逆袭，成为国人餐桌上的常客，地位相当于水果界的牛油果。

五蔬第二名，"韭"，就是韭菜。

与葵这种"中道崩殂"者相比，韭菜才是真正的无冕之王。自有记载以来，中国人吃韭菜已经三千多年了。韭菜属于再生植物，只要不伤根，叶子一茬一茬割不完。春天的韭菜味道最好，夏天的韭菜口感就变差了。杜甫有诗云："夜雨剪春韭，新炊间黄粱。"（《赠卫八处士》）

不过，似乎只有我们对韭菜情有独钟。欧美人将韭菜称为"中国葱"，最多拿它当作观赏植物。

五蔬第三位，"藿"，也叫豆藿，其实就是大豆叶子。

在古代，当权者被称为"肉食者"，平民百姓被称为"藿食者"。由此可见，藿是相当平民的蔬菜。穷苦百姓在不影响大豆生长的情况下，会采摘其嫩叶，用来充饥。

有个词语叫"薇藿"，用来描述穷苦人用以充饥的食物。藿是大豆叶子，那"薇"是什么？《说文解字》记载："薇，菜也，似藿。"其实薇就是野豌豆苗。

《诗经》有一篇《采薇》："采薇采薇，薇亦作止。"伯夷和叔齐两兄弟耻于周武王父死不葬，以臣弑君，于是发誓宁死不食周粟。两人在首阳山采薇而食，最终饿死。"采薇"因此成为隐居和忠贞气节的代称。

五蔬第四位，"薤（xiè）"，古人称它为薤白，还有个名字叫小蒜。

薤白的另一个近亲是藠（jiào）头。很多科普把薤白和藠头当作同一种植物，其实它们是有区别的，最直观的就是根茎——薤白的根茎像一头蒜，藠头的根茎像一瓣蒜。如今薤白已经被当作一种野菜了，它无疑是五蔬之中"混"得最惨的。

五蔬的最后一位是"葱"。

大葱产于西伯利亚，小葱原产中国。在春秋以前，小葱只在北方少数民族境内种植。后来齐桓公大破山戎，把小葱带回了山东。时至今日，山东的外号还是"葱省"。

提起葱和山东，似乎都萌生出一层质朴的土气。可古代常用"青葱玉指"来形容美女，可见葱的颜值是很高级的。葱在古代还有"菜伯"之称——伯为老大，葱即是菜中老大。今天我们说起葱、姜、蒜三巨头，葱也是位列第一。

五蔬大抵就是这样，而五蔬中又延伸出了五味，即酸、甜、苦、辣、咸。《灵枢经·五味》中说："葵甘、韭酸、藿咸、薤苦、葱辛。"

《诗经》里的蔬菜

除了五蔬，还有些蔬菜是古人经常能吃到的，但很多只留存在《诗经》里了。

《关雎》中写道："参差荇菜，左右流之。窈窕淑女，寤寐求之。"窈窕淑女采的荇菜，是一种水生植物，长得像小号睡莲，叶片圆圆的，口感嫩滑，一般用来做菜羹。荇菜不便于大面积种植，因此逐渐退出了历史舞台。

《谷风》中还写道："采葑采菲，无以下体。"这句提到两种蔬菜，即"葑（fēng）"和"菲"。

葑也叫芜菁，长得像萝卜，叶子可以吃，块根也可以吃。后来人们培育出专门用来食用叶子的品种，叫菘，也就是薹（tái）心菜、小白菜。元朝将二者杂交，培育出了如今的大白菜。

菲就是萝卜，大家应该都吃过。"萝卜白菜各有所爱"，萝卜和白菜稳坐中国蔬菜的两把交椅。"冬吃萝卜夏吃姜，不用医生开药方""吃着萝卜就着茶，气得大夫满地爬"，这些接地气的顺口溜都说明了萝卜在养生界的地位。

莼菜与荠菜

作为一个北方人，我曾经对一种蔬菜心驰神往——莼（chún）菜。

李白写的《行路难》中有言："君不见吴中张翰称达生，秋风忽忆江东行。"这一句其实是套用了"莼鲈之思"的典故。张翰被秋风一吹，突然想起家乡的莼菜、鲈鱼，于是不惜弃官而去。辛弃疾也用过这个典故："休说鲈鱼堪脍，尽西风，季鹰归未。"（《水龙吟·登建康赏心亭》）季鹰就是张翰的字。

莼菜是水生植物，对水质的要求很高，因而分布越来越少。现在江浙部分地区还有食用莼菜的习惯，如西湖莼菜汤。

还有一种野菜，中国人吃了几千年，爱了几千年，却一直是野菜，那就是荠（jì）菜。我小时候一直难以理解，为什么荠菜这么好吃却不能人工栽培？究其原因，无非是需求少和种植难度大。不过，如今荠菜已经推广种植了。

外来蔬菜

刚才我们提到的这些蔬菜，大多名字只有一个字。因为这些蔬菜引进得比较早，四舍五入也算本土作物了。我们如今常吃的蔬菜，一般是多个字的名字，如：胡萝卜、番茄、洋葱、番薯。在这些蔬菜的名字里，暗藏了蔬菜传入的时间和地点。

主流外来蔬菜名字的前缀，主要是胡、番、西、洋四种。

张骞出使西域，带回来大量的蔬菜瓜果。当时的古人习惯称外族人为"胡人"，所以这时引进的食物都带一个"胡"字，如：胡椒、胡麻、胡桃（核桃）、胡荽（suī，香菜）、胡蒜（大蒜）、胡瓜（黄瓜）。但这里面有一个例外——胡萝卜。胡萝卜是元朝之后才引进的。

明清时期引进的作物则多用"番"字。这时候，对外贸易的重心由西北转向东南沿海，人们习惯称外部为"番邦"，所以作物名称都带"番"字。郑和七下西洋，推动了中国与世界的海上贸易，如番薯（红薯）、番茄（西红柿）、番椒（辣椒）、番麦（玉米）、番豆（花生）等作物相继引入。

红薯和玉米在清朝人口大幅增长的过程中发挥了重要作用。新中国成立后，这两种蔬菜也为中国人的温饱做出了重大贡献。

明朝传入的辣椒，最开始是作为观赏植物，到清朝，才在西南地区火速风靡。自先秦以来，各种调味料此起彼伏，但没有一种能像辣椒一样，引发如此巨大的饮食变革。辣椒也不会想到，自己为了避免被动物食用而演化出的辣味，竟对人类有如此大的吸引力。

清朝末年乃至民国，西方列强侵入，中国人不得不开眼看世界。这时候传入的作物，多以"西"和"洋"命名。

"西"字开头的有：西蓝花、西葫芦、西红柿、西芹等。"洋"字开头的有：洋葱、洋芋、洋白菜等。同时，一些之前传入的作物也有了新名字，比如西红柿和洋芋，这两个都是明朝时传入的，因为影响力较大，都被赋予了新名字。

时至今日，经济全球化的今天，中国人餐桌上的蔬菜依然在不断更新迭代。

为什么中国人爱吃菜？无非是我们经受过的饥荒比任何民族都要多。在旱涝、蝗灾、赋税、徭役更替的漫长历史中，辛劳的中国人用较少的粮食搭配各种蔬菜，顽强地活了下来。至于做得好吃，那则是劳动人民智慧的体现了。

得益于科技的进步和两千余年来无数农作物传播者的功劳，我们才有了今天的一切。

酒从何来？

酒，一个我们熟悉又陌生的存在。中国不同时期的古人，都在喝什么酒？这种醉人的液体是如何诞生、如何制作、如何迭代升级的？让我们从酒的诞生说起。

酒的诞生

目前，我们了解中国历史有两条脉络，一条是史书记载，即"古人云"；另一条是考古发现，通过出土文物来考证。对于酒历史的研究也不例外。

古人说起酒的诞生，一般有两个说法：一是"仪狄始作酒醪，变五味"（《世本》）；另一个则是"杜康作秫酒"（《世本》）。这两句话，都将酒的发明归功于传说中的人物。

仪狄是一位女性，在大禹的时代担任造酒官。《战国策》

记载："昔者，帝女令仪狄作酒而美，进之禹。禹饮而甘之，遂疏仪狄，绝旨酒，曰：'后世必有以酒亡其国者。'"大禹尝了仪狄酿的酒，觉得好喝，估计一口气喝大了。酒醒之后，大禹认为这东西会扰乱心神，于是直接宣布戒酒，还因此疏远了仪狄。

除了仪狄，还有另一位即"作秫酒"的杜康。秫是高粱，秫酒即高粱酒。后世将杜康尊为"酒祖"，认为他是酿酒的始祖。

对于杜康是谁，有多种说法：有说杜康是黄帝手下一名管理粮食的大臣，因为粮食多到吃不完，他无意间发现粮食可以酿酒；又说杜康是夏朝的君主，即"少康中兴"的少康；还有说杜康是汉朝人，字仲宁，善酿酒。不论他的身份是什么，杜康都早已成了古代美酒的代称。

除了仪狄和杜康，医家还会将酒的发明追溯到黄帝时期，认为酒最初是作为药物的溶媒出现的。《黄帝内经》中的"汤液醪醴论"便将酒与医药联系起来，这种"以酒为药"的观念，奠定了酒在传统医学中的特殊地位。

传说更多是一种文化寄托。现代人推测：最初，原始人把吃不完的果子堆积在山洞里，结果果子发酵产生了酒浆。原始人本着啥都得尝尝的态度，无意间发现了酒。

然而，考古发现证明，酒的起源要更早。1979 年，在山东莒县陵阳河大汶口文化墓葬中，考古人员发现了目前国内最早的成套酿酒工具，有大口尊、沥酒漏缸、接酒盆、盛酒瓮等成套的酿酒工具。四千多年前，古老先民就已经掌握了用谷物酿酒的工艺。

2004 年，中外考古人员在距今约 9000—7500 年前的贾湖遗址出土的陶器上，发现了酒的沉淀物。中国酒的历史又向前推进了几千年，"贾湖古酒"闻名一时。

但经过考证，有专家认为，沉淀物中被认定为是葡萄酒成分的单宁酸，其实来自山楂。而单一的成分证据并不能证实当时已经存在人工酿酒的行为。陶器上所谓的酒沉淀，更有可能是自然变质产生的。

何谓酒？

接下来，我们该好好聊聊什么是酒了。

酿酒需要原料，也要以一定的方式进行发酵。目前酿酒的原料主要有三类。

第一类原料是糖蜜，即含糖的果实、植物的汁液、蜂蜜。用糖蜜酿成的酒有葡萄酒、椰花酒等。第二类原料是兽乳。游牧民族的马奶酒，就是用兽乳酿造的。第三类原料是淀粉，它是我国本土酒最主要的原料。淀粉类主要是指谷物和薯类，如大米、糯米、高粱、红薯等。

淀粉类原料和前两种原料酿酒的最大不同在于发酵方式。

酒的发酵方式主要有两种：单式发酵和复式发酵。

水果、蜂蜜以及兽乳这些原料，可以产生天然酵母菌，能够直接将原料中的糖分转化为酒，不需要过多的人工干预，这就属于单式发酵。而谷物类原料，需要先经历一个糖化的过程，让淀粉先水解为葡萄糖，再由糖发酵为酒，这就是复式发酵。

《尚书》中说："若作酒醴，尔惟曲蘖。"曲蘖（niè）就是古人通过漫长的摸索，制作出用来使谷物糖化、酒化的霉菌类培养物，有点类似我们今天的"酒曲"。不过，曲的发酵能力更强，能够充分使淀粉糖化、酒化。蘖的发酵能力相对较差，虽能使粮食糖化，但是酒化的程度不高。所以，用曲制成的酒叫作"酒"，用蘖制成的酒则叫"醴（lǐ）"。

醴的酒味没那么大，就是个稍微有点度数的小甜水。魏晋以后，醴酒就逐渐退出历史舞台了，甚至连具体的制作技术都没有流传下来。而由曲酿成的酒则大行其道。历朝历代的古人不断改进曲的培养技术与配制方法，逐渐演变为今天我们熟悉的黄酒。

夏商周饮酒

"甘"与"浊"并存，是夏代酒的特征，也是酒在初期的显著特征："甘"源于蘖的充分糖化，"浊"是因为酒醅未过滤，导致酒体混浊。

夏商周时期，酒已深入社会生活的方方面面。《韩诗外传》中记载，夏桀"为酒池，可以运舟"；《史记》说，商纣王"以酒为池，悬肉为林"。但凡表达昏庸，就一定得拿酒说事。酒池虽然夸张，却反映了当时酿酒规模的扩大。

商代出现了"酒""醴""鬯（chàng）"的分类。酒和醴咱们都说了，"鬯"是以郁金香草调和的香酒，主要原料就是黑黍和郁金香草。商周时期会用"秬鬯"祭祀天地鬼神。殷墟出土的青铜觥、爵等酒器，造型精美，更彰显了商朝人对酒的无上尊崇。

周朝建立后，周公总结前人经验，觉得"沉湎酒色"是商朝亡国的重要原因之一，于是建立了系统的"酒礼"制度。周公作《酒诰》，严禁"群饮""崇饮"，将酒的使用范围限制在祭祀、朝会等特定场合。此时的酒分"清酒"和"白酒"：清酒是过滤后的清澈酒液，专供贵族阶层；白酒则是未过滤的浊酒，主要是平民饮用。

楚国还盛行"冰镇蜜酒"和"肉桂香酒"。曾侯乙墓中出土的青铜冰鉴，是南方的贵族用来冰镇酒的古代"冰箱"。此外，屈原《九歌·东皇太一》中"挫糟冻饮，酎清凉些"以及"奠桂酒兮椒浆"的描述，也展现了战国时期花样繁多的饮酒风尚。

汉女当垆卖酒

到了汉朝，人们想尽一切办法提高酒曲的发酵能力。

他们选用麦子作为酿酒的原料，将麦子煮到半熟，放置在阴凉处发霉成曲。这样制出的酒，品质高的称为"醇酒"，酒质差一点的称为"薄酒"，度数也低。王赛时教授在《中国酒史》中推测："汉酒的酒度当在 $3° \sim 6°$ 之间。"

受到酒曲霉菌颜色的影响，汉代的酒体呈现翠绿色。"绿蚁新醅酒，红泥小火炉"，"绿蚁"就是呈绿色的酒渣浮沫。随着制曲工艺的改进，唐宋时期，酒才由绿色变成黄色或赤黄色。

汉代饮酒有其礼制规范，也更具生活气息，比如：宴会入席时，需要脱鞋登席；座次按照"坐西向东为上"的等级排列；下级向上级敬酒须上身竖直，两膝着席；上级回敬时，下级要离席伏地感谢。"引满举白"的习俗，则要求饮酒必须一饮而尽——这种豪饮之风在汉朝很盛行。

值得注意的是，汉朝的男女之间尚不回避。《史记·司马相如列传》中有卓文君"当垆卖酒"的典故，展现了女性在酒肆中的活跃身影。丝绸之路开辟后，长安还出现了"酒家胡"，胡姬当垆，招徕少年子弟。

这时，葡萄酒也开始传入中原。但中国本土尚未掌握核心酿造技术。

魏晋酒魂

魏晋南北朝时期，酒的度数有所提升，酿造谷物与食用谷物开始有所区别。优质酿酒粮的选用，提高了酒的品质，九酝酒、竹叶酒、千日酒、桑落酒，都是这一时期很有名的酒。

魏晋南北朝也是酒文化的重要转折期。社会动乱促使文人借酒抒怀，将酒从饮品提升成为一种精神。

曹植的诗中有着"归来宴平乐，美酒斗十千"的肆意豪情。竹林七贤之一的刘伶作《酒德颂》，以"幕天席地，纵意所如"的放达，展现了魏晋名士的饮酒风范。阮籍更是"嗜酒能啸"（《晋书》），常驾车纵游，醉卧道旁，成为竹林七贤中最具酒魂的代表。陶渊明在《五柳先生传》中自谓"性嗜酒，家贫不能常得"，其"造饮辄尽，期在必醉"的率真，成为后世文人向往的境界。

当然，最著名的当数王羲之与一众名士在会稽山下举行"流觞曲水"的兰亭雅集，饮酒赋诗，写下千古绝唱《兰亭集序》，将酒与书法、文学结合，创造了中国文化史上的经典场景之一。

唐酒盛世

唐朝又是酒文化的盛世。

唐朝人创造性地在酒曲中添加草药，如苍耳、蓼草。这一时期的药酒种类繁多，展现了酒与医药的深度结合。另外，唐朝人还发明了"低温加热杀菌法"，将酒加热至适宜温度后，其稳定性增强，可长期保存——这样的酒被称为"烧酒"。

果酒中最具代表性的是葡萄酒。贞观十四年，唐军破高昌，获得了马乳葡萄的种子及葡萄酒酿造技术。唐太宗亲自参与酿酒，还作了一首《置酒坐飞阁》赞扬葡萄酒。从此，葡萄酒在中原逐渐普及，成为贵族宴席上的珍品。

唐酒的种类多样，在颜色上也极为丰富：绿色的传统米酒，琥珀色的黄酒，用红曲酿出的色泽红润的酒。李贺笔下"琉璃钟，琥珀浓，小槽酒滴真珠红"（《将进酒》），正是对红曲酒的生动描绘。

唐酒偏甜，并开始向醇厚方向发展，黏稠度较高，能"挂杯"。在度数上已经远高于汉代酒，达到了10°上下。这种酒既能满足畅饮的需求，又不易醉倒，适合文人雅集时饮用。杜甫"酒酣耳热忘头白"的描述，暗示了唐酒的劲。唐酒的"热饮"多于"冷饮"，天冷时，不光要热酒，还要在酒中加葱、椒等香料，增添暖意。

唐朝宴会的入席礼节，也不再像汉代那么严格。唐朝更侧重"献酬"之礼，即互相敬酒。"巡酒"就是按顺序轮流饮酒，一圈为一巡，这种饮酒方式促进了席间的交流。

唐朝的酒桌游戏也十分丰富，有手势令、文字令、抛球令等酒令。白居易"醉翻衫袖抛小令"（《就花枝》）的诗句，描绘的就是行酒令的欢乐场景。有行酒令就要有"酒纠"，也就是酒监，类似今天玩剧本杀的主持人角色。酒纠的加入，使饮酒这项活动更具组织性。

酒伎在唐朝酒肆中也颇为盛行，她们或歌舞助兴，或陪酒行令，为唐酒文化增添了世俗化的色彩。

酒的另一个重要作用，是催发了唐朝诗人的诗情。

李白"烹羊宰牛且为乐，会须一饮三百杯"（《将进酒》）的豪迈，杜甫"艰难苦恨繁霜鬓，潦倒新停浊酒杯"（《登高》）的沉郁，刘禹锡"今日听君歌一曲，暂凭杯酒长精神"（《酬乐天扬州初逢席上见赠》）的豁达——这些脍炙人口的诗句，不仅记录了唐朝人饮酒的场景，更将酒升华为一种文化符号，共同构成唐酒文化的精神图谱。

宋酒雅趣

《北山酒经》等专业著作的出现，标志着宋代的酿酒技术向科学化、理论化发展。

宋朝酿酒技术的发展还体现在对原料的创新上，蜜酒、柑酒、荔枝酒、梨酒、枣酒等花果酒层出不穷。同时，人们开始用大酒和小酒来区分酒的品质——大酒是经过长时间发酵、品质较高的酒，小酒则是发酵时间短的普通酒。

宋朝开始出现"瓶装"与"散卖"两种销售方式。瓶装酒便于携带和保存，适应了商品经济的发展。

宋朝城市商业繁荣，大大小小的酒肆遍布于汴京。《东京梦华录》记载："在京正店七十二户，此外不能遍数，其余皆谓之脚店。"这些酒肆装修考究，服务周到，有的还提供歌舞佐酒，成了市民休闲娱乐的中心。

饮酒方式上，宋朝更加注重雅趣，盛行茶酒交饮、诗词佐酒。欧阳修"醉翁之意不在酒，在乎山水之间也"的名句，将饮酒与山水之乐结合，开创了新的饮酒意境。民间则流行社日饮酒、节日赐酒等习俗。春节饮屠苏酒、重阳饮菊花酒等传统，一直延续至今。

酒肆题壁也是宋酒文化的一大特色。

文人墨客在酒肆墙壁上题诗留字，既为酒肆增添文化气息，也借此传播自己的作品。传说柳永"忍把浮名，换了浅斟低唱"（《鹤冲天》）的词句，便是在汴京酒肆中创作的。这种"以酒传诗，以诗名酒"的互动，成为宋朝一道独特的风景线。

四大酒体系

到了元朝，如今中国酒的主角——蒸馏酒，登上历史舞台。明朝人李时珍在《本草纲目》中记载："烧酒非古法也，自元时始创其法。"

元朝疆域辽阔，各民族混居，文化多元。中亚、西亚的文化与技术不断传入中原，其中对酒影响最深远的，便是蒸馏技术。此前，中国酒一直停留在酿造酒（即黄酒、米酒）的阶段，酒精含量最高不超过 20°。蒸馏法的出现，突破了这一限制，使酒精度数大幅提升，开创了中国酒的新纪元。

元朝形成了烧酒、黄酒、果酒、奶酒四大酒体系。

烧酒以谷物为原料，经蒸馏而成，酒精度高，口感浓烈。因为适合北方寒冷地区饮用，烧酒逐渐成了北方主流酒种。黄酒在元朝臻于完善，并得到大规模普及。此时的黄酒与现在的概念基本一致。葡萄酒在元朝继续发展，元世祖忽必烈专门设置了大都尚酝局，管理葡萄酒和其他酒类的酿造。奶酒作为游牧民族的传统饮品，在元朝宫廷和北方地区较为流行。《马可·波罗游记》中，就有对蒙古人饮用"忽迷思"（即马奶酒）的详细记载。

元朝的酒器也呈现多元风格，除传统的瓷酒器外，金、银、玉等材质也很常见。独具特色的银槎杯、马镫壶等酒器，兼具实用与艺术价值，构成了元朝独特的酒文化景观。

烧酒的逆袭

进入明清时期，就来到了我们熟悉的黄酒、烧酒、白酒齐头并进的时代。

明清时期的黄酒在工艺标准和品质上，都有质的飞跃，最具代表性的是绍兴黄酒。因为对原料、制曲、水质、器皿、火候的极致追求，使得黄酒成为南方酿造文明的集大成者。清朝嘉庆年间，绍兴黄酒通过漕运远销全国。但黄酒受限于"冬酿春藏"的季节性生产规律，且运输中易发生酸败，其主要市场还是局限于南方水乡。

再看烧酒。明清蒸馏技术进步，此时的酒精度数普遍达到 40°～60°，具有高刺激性与强挥发性，彻底打破了传统酿造酒的酒精度数局限。

至乾隆年间，仅山西杏花村一带，就有酒坊百余家，年产烧酒可达千吨。山西汾阳、贵州茅台镇等地，依托自身的地理与气候，形成了独特的酿酒产业。据记载，清代中期烧酒产量已经超越黄酒，完成了从边缘饮品到主流酒种的逆袭。

烧酒大兴，黄酒降格，而原本大行其道的米酒在明清时期陷入全面衰退，不再是主流酒种。这是因为米酒的酿造依赖产量低下的糯米，而且米酒的酒精度数低，容易变质。

从曲糵的发明引起谷物的质变，到蒸馏法的引入，使烧酒突破自然发酵度数的极限。米酒隐退、黄酒式微、烧酒崛起，这些事件之间并非简单的替代关系，而是中华文明在不同历史阶段的生存智慧选择。

正如王赛时教授所言，酒是中华文明的精神产物，其演变反映了农业进步、手工业革新、文化交流等多重社会因素的综合作用。

酒既是物质生产的结晶，更是文化认同的载体。这部跨越四千余年的酒史，本质上是华夏先民在自然约束中寻求突破、在礼仪规范中释放性情的文明叙事。

如果没有酒，中国的文学与历史，该何其寂寥？

烧烤史里的性格地图

从人类的远祖第一次品尝到熟食的惊讶，到霍去病一把扯下烧焦的羊腿，长剑北指，策马向王庭，再到李白高呼"烹羊宰牛且为乐，会须一饮三百杯"，秦简上的"炙"字依稀可见。

人类在懂得使用火之后，按理说最先接触的第一口美食就是烧烤。这一口烧烤，让人类对更高的生活品质有了奔头。

现在有个词叫"脍炙人口"，本义是指人人都爱吃的东西，引申义为好的东西人人称赞。脍，是细切的鱼肉。而炙，就是我们此篇的主角——烧烤。

烤肉三板斧：炙、燔、炮

"炙"这个字，上面是个变形的"月"。在秦汉时期，"肉"和"月"就因为字形相似而混淆了，所以今天跟肉或者身体有关的字都带个"月"，其实就是肉的意思。

上面一块肉，下面一团火，"炙"这个字，就是烤肉。古人说："炙，贯之火上。"（《礼记·礼运》郑玄注）意思就是将肉串起来，放在火上烤。《礼记》还特别规定，吃烤肉的时候"毋嘬炙"，就是说不要上来就大口吞咽，也别吸溜扦子。吃要有吃相。

如今我们把所有烤肉都统称为烧烤，但古人根据烧烤技法的不同，用了不同的字来代指。"炙"是把肉串成一串来烤，就是今天的烤串。此外，烤肉的技法还有"燔（fán）"和"炮"。

燔就是直接在火上烤整只的动物，是最直接粗暴的烧烤方式。由燔衍生出燔祭。《圣经》里记载，上帝为了考验亚伯拉罕，跟他说：去，把你儿子以撒杀了，来做燔祭。亚伯拉罕听从了，于是要杀自己的儿子。这时候，天使出现了，让他抓一只山羊来代替自己的儿子献祭。这就是"替罪羊"这个词的来源。

另一种烧烤方式是炮。"炮"旁边是个"包"字。用草或泥把肉包起来烤，就是炮。周天子的专属美食"周八珍"里面，就有炮豚和炮牂，即烤猪和烤羊。

《诗经·瓠叶》详细写了先秦时期如何烤兔子吃，"有兔斯首，炮之燔之"。翻译过来就是：一兔三吃，炙、燔、炮全得轮着来一遍。

西域添佐料

历朝历代，古人的烧烤都有什么花活？论讲究，还得是古人。

汉高帝刘邦就常以烧烤鹿肚、烧烤牛肝下酒，而各种汉墓出土的文物以及画像石，都能让人直观感受到王公贵族对烧烤的喜爱。比如，陕西西安出土的皇家烧烤专用的"上林荣宫"铜方炉（图1），山东淄博的西汉齐王墓出土的铜方炉（图2），还有江苏徐州出土的汉朝画像石《庖厨图》（图3）。《庖厨图》中，直观描绘了一个人手拿大肉串，在炉子上烧烤的画面。

不过最有趣的还是长沙马王堆汉墓中出土的鱼肉串和鹌鹑肉串。在随之出土的竹简《遣册》上，还有牛炙、牛劦炙、烤牛乘、豕炙、鹿炙等烤肉食谱。

谈及烧烤，就不得不提调味料。

先秦时期吃烤肉，最多搭配点咸盐或酸梅子调味，再有就是各种稀奇古怪的酱，如蚂蚁卵酱、蜗牛肉酱。这样调味的烤肉，想来味道并不怎么样。

但汉朝发生了一个重要的大事件，那就是张骞通西域。以前本土香料只有花椒、食茱萸等。忽然之间，胡椒来了，丁香来了，芫荽和迷迭香也来了。这为汉朝的烧烤提供了巨大的推动力。

在香料的催化下，烤肉极大地刺激了汉朝人的味蕾。虽然烤串的另外两大佐料（孜然和辣椒）此时还没就位，得到唐朝和清朝才会分别加入，但对汉朝人来讲，这样的烤肉已经拥有足够惊艳的味道了。

胡汉皆啖炙

随后的南北朝乱世，游牧民族的饮食习惯对中原地区产生了影响。生来喜欢牛羊肉的游牧民族和善于精致烹调的南方士人将烧烤彻底玩出了花样。

贾思勰《齐民要术》里的"炙法"篇，简直就是魏晋撸串高阶指南。

书里记载了一种吃法：把羊肉剁成馅，混合葱白、花椒、生姜末灌进羊肠中，烤熟后切割成段食用。这不就是烤灌肠吗？

还有"棒炙"的吃法：整条牛里脊用明火烤，只要表面的肉一烤到发白，就片下来吃，吃完再烤，再片。这样的牛肉不会柴，"含浆滑美"。此外还有"腩炙法"：用调料腌渍羊肉，再烤着吃。

可见，我们今天烧烤的花样，在魏晋时期就摸索得差不多了。

关于烤肉，还有一件逸事。晋朝大贵族顾荣有一次去赴宴，他发现在旁边端着烤肉的下人老是盯着盘子里的烤肉咽口水。于是顾荣就把自己的那份烤肉递给这个下人吃了。其他达官显贵都笑话他。顾荣叹了口气，说："岂有终日执之而不知其味者乎？"（《世说新语》）意思就是，哪能有天天端着烤肉却不知烤肉味的人呢？

后来西晋灭亡，衣冠南渡。在战乱中，每当遇到生死攸关的时刻，顾荣身旁总有一个人在拼死保护他。顾荣不认识他，问他是谁。这个人说：我就是当年接受你烤肉的那个人。这就是典故"顾荣施炙"的由来。

鲜卑的武人用利刃分食牛羊，南渡的君臣在竹林间炙烤鹿肉。全新的时代风貌正在味觉交融的背景下渐渐显现。

浑羊殁忽

隋唐时期南北一统，在烧烤上体现出形式和食材的包罗万象。

看看唐朝人的烧烤菜单：野猪炙、鸳鸯炙、蛤蜊炙、小蚌肉炙、升平炙、光明虾炙。前几种烧烤都好理解。升平炙就是将加工好的羊舌和鹿舌拌在一起烧烤，光明虾炙就是烤大虾，这两道菜在韦巨源的《烧尾宴食单》上有记载。

要说唐朝烧烤的天花板，那估计得是"浑羊殁忽"。"浑羊"就是全羊的意思。"殁忽"，有学者推测是游牧民族语言的音译，就是宴席、宴会的意思。"浑羊殁忽"就是全羊宴。

在羊肚子里放上鹅，鹅肚子里放上糯米，烤熟之后，羊肉不要，只吃鹅肉。因为鹅肉兼具了羊肉和糯米的香气。你要说这烧烤有多好吃，估计也没有多好吃，无外乎是贵族们的刻意追求罢了。

岑参当年在西北边塞，对当地的烤全牛赞不绝口，有诗云："琵琶长笛曲相和，羌儿胡雏齐唱歌。浑炙犁牛烹野驼，交河美酒归叵罗。三更醉后军中寝，无奈秦山归梦何。"（《酒泉太守席上醉后作》）

"浑炙犁牛烹野驼"，豪气干云的唐朝人还吃烤驼峰呐。在古代，驼峰是跟熊掌、燕窝、猩唇、豹胎并列的珍品食材。

宋、元、明、清的烧烤

宋朝都市经济兴旺发达，而且取消了宵禁，允许在晚上摆摊做生意。自此，烧烤和夜宵关联起来了。

在冬天，宋朝人喜欢温一壶酒，架个小炉子，一家人烤肉吃。宋朝人对食材的处理也越发精致考究，比如用橙子、甘蔗、菊花来卤羊肉。

说到羊肉，宋朝人对羊肉可以说是情有独钟。宋仁宗有天晚上办公，饿得不行，想吃口烤羊肉。但转念一想，如果自己半夜突然提出要吃羊肉，那以后每天晚上后厨都会备好烤羊肉，这无形中会耗费很多钱粮。于是宋仁宗咽了咽口水，忍饥挨饿了一宿。

到了元、明、清三朝，烧烤更是常见。

清朝有"满席"和"汉席"的说法——火锅和烧烤属于满席，菜肴和果品属于汉席。民国时期，随着清王室崩塌，厨子们走出宫廷，民间流传起了"108道菜的大满汉全席"的说法。在"满汉全席"里，烧烤占了很大比重，有烤全羊、烤鸭、烤乳猪、烤鹿肉、烤狍子肉等。

现如今，我们常见的东北烧烤、淄博烧烤、徐州烧烤等等，若要追溯到源头，大概率都是源自20世纪80年代全国各地涌现的新疆烧烤。后来，本地人开始竞相模仿，并结合本土的饮食风格，发展出了自身的地域特色。

随着经济发展，烧烤已经成为我们生活中常见的餐饮形式，在地域上也形成了全新的风格：东北烧烤荤素搭配、五花八门，主打一个"万物皆可烤"；西北地区依旧保持大开大合的豪迈气势，坚持"最好的食材只需要最简单的烹饪方式"，以炭烤大肉串为主；巴蜀地区以"麻辣鲜香"的风格独树一帜；山东的淄博烧烤则秉持着"大饼卷一切"的态度；两广地区占据江海之利，以各种烤生蚝、竹蛏、龙虾、扇贝为主。

一幅烧烤地图，也是中国人的性格地图。

古人不爱水果？

一直以来，古人对水果的态度，我们只能从零星的成语中得以窥见：孔融让梨、杏林春满、桃李不言、望梅止渴。再有就是《诗经》里的记载："摽有梅""山有榛""桃之夭夭，灼灼其华""投我以木瓜，报之以琼琚"。

古人似乎不太重视水果，这是因为他们在物资匮乏的年代，选择了实用主义：一方面，能种地的地方都种上了粮食，而水果中提供的维生素，靠蔬菜也能获得；另一方面，水果不便储存，且大多与粮食同时上市，无法成为与粮食互补的口粮。

但即便如此，在"吃"的历史中，水果依然占据了一席之地。

桃、李、杏、栗、枣

据《黄帝内经》记载："五果为助，五菜为充。"五果分别为：桃、李、杏、栗、枣。其中，桃、李、杏明显像是一个阵营的。我们先从桃讲起。

三千多年前，古人就开始种桃了。漫长的历史中，古人为桃子赋予了无限意义：桃加个"仙"字，叫仙桃；桃木有辟邪的作用；春联的前身也叫"桃符"；桃子甚至跟长寿挂钩。

古人为何对桃子情有独钟呢？

除了神话附会之外，还与桃子的口味有关。古人能吃到的水果，要么是李、杏、山楂这种既酸还有点小毒素的，要么是柿子、梨子这种涩嘴的，只有桃子较为温润。所以俗语说："桃养人，杏伤人，李子树下埋死人。"

李子自古就跟桃出双入对："投桃报李""桃李不言，下自成蹊"（《史记·李将军列传》）、"桃李春风一杯酒，江湖夜雨十年灯"（《寄黄几复》）。

商朝末年，有个叫理利贞的贵族背着母亲逃难，靠一棵李子树活了下来，其后代便以"李"为姓氏。后来，"李"竟然成为中国数一数二的大姓氏。

再说说杏。还记得课本里学过的"杏林春满"典故吗？

董奉治病救人却分文不取，只让病人痊愈后在自己的地里种杏树。后来，人们用"杏林春满"比喻医术高超，"杏林"成了医家和药堂的代称。因为孔子讲学，"杏坛"又成为授徒讲学之所的代称。

一医一教，杏的段位高得不能再高了。

桃、李、杏说完，五果中还剩两位：栗和枣。

古人吃枣的历史可以追溯到八千多年前的新石器时代。古人称枣为"铁杆庄稼"，又为枣赋予了各种吉祥的寓意。中国人对枣的喜爱寄托了厚重的生命观。板栗的栽培时间较晚，但《诗经》中，依旧能看到"树之榛栗"的记载。

板栗和枣有个共同点：既能长期储存，又能充饥。《战国策》中，苏秦佩六国相印，合纵拒秦。他曾忽悠燕文侯说："南有碣石、雁门之饶，北有枣、栗之利。民虽不由田作，枣、栗之实，足食于民矣。此所谓天府也。"意思是，光凭大枣和板栗，不种田也能吃饱。燕文侯听得心潮澎湃，一声令下：听君调遣！

还有一种姑且算是水果的果实，在历史上也很重要，就是榆钱。

榆钱能做成主食，可以果腹，在灾年是能救命的宝贝。榆钱的成熟期在每年的 3 月到 6 月，正是古人最容易断粮的时期。榆钱在这时候挺身而出，正好填补了粮食作物成熟期前的空白。

苹果、梨、橘子、瓜、樱桃

如今在水果界占据"C位"的苹果，在古代叫作"柰（nài）"，也叫林檎（qín）——因为苹果成熟时的果香能招来飞禽。它还有个名字，叫"沙果"——韩语苹果的发音就来源于此。古代的苹果个头很小，还很酸，吃起来是绵软的口感，因此地位远低于桃、李、杏、梅。

现代苹果是19世纪由美国传教士传入山东烟台的。直到现在，烟台苹果也是中国苹果的金字招牌之一。

与苹果一同传入中国的还有梨。但西洋梨口感绵软，习惯了本土脆甜梨的国人对这种梨子欣赏不来，称其为"老婆梨"，意思是老太太都能咬动的梨。中国常见的本土梨有四种：白梨、秋子梨、砂梨（南方称沙梨）、新疆梨。我们还会经常看到苹果梨，它是一种与秋子梨亲缘关系很近的梨子。

橘子是中国最早食用的水果之一。橘皮在古代也是重要的调味料，特定的橘皮则被称为陈皮，可以入药。

橘子家族的关系异常混乱。首先是橘子和柚子，它俩杂交生下了橙子。此刻香橼"插足",跟柚子杂交产生了青柠。橘子见状,跟橙子杂交,诞生了柑。这边柚子回过神儿,找到了橙子,杂交出了西柚。橙子转身又跟香橼杂交,诞生了柠檬。这关系,宙斯看了都说乱。

柑橘大类说完,再说说瓜。

古文中只要提到瓜,大概率是指甜瓜。从河姆渡遗址、良渚遗址,到马王堆、海昏侯墓,考古学家都发现了大量甜瓜子,可见古人很爱吃甜瓜。

瓜类除了甜瓜,还有番木瓜,也就是我们今天吃的木瓜,它是明朝时从美洲传入我国的。

"投我以木瓜,报之以琼琚"(《诗经·木瓜》)里的"木瓜",其实是宣木瓜,果肉硬且酸涩。古人一般把宣木瓜晒干后加糖,做成蜜饯。宣木瓜口感稍逊,但好闻。《红楼梦》第五回,宝玉进秦可卿房中时就有这样的描述:"一边摆着飞燕立着舞过的金盘,盘内盛着安禄山掷过伤了太真乳的木瓜。"这里的宣木瓜就是用来闻香的。

都说到瓜了,怎能不提西瓜?

西瓜原产于非洲,后传播到中亚、新疆等地,再进入东亚。宋朝,契丹人从回鹘将西瓜引入了中原。明清时期,西瓜在中原得以大规模种植。说到这里,不能不提"西瓜女神"吴明珠院士。她扎根戈壁六十余年,选育西瓜、哈密瓜共三十多种，解决了吃瓜群众的吃瓜问题。

此外还有樱桃。中国本土樱桃的种植历史已有近三千年。作为"春果第一枝"，樱桃是宗庙祭祀的重要祭品。《礼记·月令》中说："羞以含桃先荐寝庙。""含桃"就是樱桃，要把最好的东西先呈给祖先。

汉朝就有皇帝赐樱桃给大臣的传统，唐朝人对樱桃更是青睐有加。唐朝的新科进士可以参加"樱桃宴"。《太平广记》记载："唐时新进士，尤重樱桃宴……时京国樱桃初出，虽贵达未适口，而覃山积铺席，复和以糖酪。用享人蛮献一小盘，亦不啻数升。"樱桃成熟度不够，还要佐以糖酪，整个一大唐水果捞。

不论是颜值还是风味，樱桃在古代文化中都是一种独特的存在。"流光容易把人抛，红了樱桃，绿了芭蕉"（《一剪梅·舟过吴江》），"遥知寝庙尝新后，敕赐樱桃向几家"（《樱桃曲》）都是古人歌咏樱桃的诗词。

西来：葡萄和石榴

刚才聊到的水果，除了柑橘之外，大多是中原地区的水果。其他地区的水果，可以分为"西来"和"南下"两种。

西来的水果中"混"得比较好的是葡萄和石榴。

据传，是张骞从西域带回了葡萄。但考古发现，从秦朝起葡萄就已经传入我国。一开始葡萄是贵族专享的水果，随着唐朝葡萄种植技术的普及，葡萄酒成了文人宴席上的常客。

汉唐以来，一直有饮用葡萄酒的记载。李白喝大了，放声高歌："蒲萄酒，金叵罗，吴姬十五细马驮。"（《对酒》）王翰挥笔写下《凉州词》："葡萄美酒夜光杯，欲饮琵琶马上催。醉卧沙场君莫笑，古来征战几人回？"

不过，最爱葡萄酒的还得是元朝，忽必烈甚至下令祭祀宗庙要用葡萄酒。

再说说石榴，这是一种非常有趣的水果。

石榴是与汉文化融合得最好的水果。首先，石榴象征多子多福，历来被国人所喜爱。其次，石榴裙也是女性魅力的象征，所谓"眉黛夺将萱草色，红裙妒杀石榴花"（《五日观妓》）。

最有名的"石榴诗"当数武则天的传世之作："看朱成碧思纷纷，憔悴支离为忆君。不信比来长下泪，开箱验取石榴裙。"（《如意娘》）李世民死后，感业寺出家的武才人通过这首诗直白地表达："李治，我想你！"

南下：枇杷、杨梅、荔枝、龙眼

西来的水果是葡萄和石榴，南方水果就多了，比如：枇杷、杨梅、荔枝、龙眼。

枇杷果实好看，叶子也好看。看到枇杷树，有人想起归有光的《项脊轩志》："庭有枇杷树，吾妻死之年所手植也，今已亭亭如盖矣。"也有人想起小时候偷喝的甜甜的枇杷膏。

枇杷是南方人的入夏第一果。

苏轼有诗云："罗浮山下四时春，卢橘杨梅次第新。日啖荔枝三百颗，不辞长作岭南人。"（《食荔枝》）。"卢橘"就是枇杷。而西域传来的乐器琵琶，因为跟枇杷果外形相近，故也名为"枇杷"。后来为了统一乐器字形，才有了"琵琶"的名字。东坡先生说了，"卢橘杨梅次第新"。枇杷结束，就该杨梅登场了。

杨梅又名龙睛、朱红，因其形似水杨子，味道似梅子，故取名杨梅。作为中国的本土水果，杨梅在古代也是跟荔枝并称的珍品。

你别看苏东坡把荔枝吹得天花乱坠，说"不辞长作岭南人"，可一到江南吃了杨梅，立马改口，说闽广的荔枝和西凉的葡萄，皆"未若吴越杨梅"。

说完杨梅，再说说荔枝。

"一骑红尘妃子笑，无人知是荔枝来。"（《过华清宫绝句》）大家都听过这句诗，同时也让我们对古代的运输方式感到疑惑——毕竟两广、福建和巴蜀这些荔枝的产地，都离长安太远了。

运输荔枝的方式分为整株移送、密闭包装、蜡封三种。整株就是在荔枝快成熟的时候直接连树挖出来，装车运走。密闭包装，就是将荔枝装在竹节里密封。蜡封就是把果蒂用蜡封住，再完全浸泡在蜂蜜中保鲜。不过，这一切都离不开快马加鞭地运输。

因为荔枝而劳民伤财的还有汉武帝。他在上林苑建了扶荔宫，移栽荔枝。那个年代在陕西种荔枝，得多大能耐啊？最终一棵也没活。汉武帝一怒之下把负责种荔枝的官员杀了个干净。

哪怕到了清朝，皇帝想吃荔枝都难如登天。

乾隆年间，福建巡抚进贡荔枝树 58 桶，共结了 220 个荔枝。乾隆分荔枝时候的那个抠搜劲，你就琢磨去吧。所以还是当个现代人好，别老想着穿越了。

荔枝还有一个跟班，就是龙眼。古人直接管龙眼叫"荔枝奴"。明朝有文人为其鸣不平："先生后生伯仲耳，胡为呼汝荔枝奴？"（《咏龙眼》）

外来水果高峰

跟其他农作物一样，明末清初迎来了一波外来水果的高峰期。这些水果都以"番"字命名：番荔枝，因为外形像佛头，又取名为释迦果；番石榴，也就是芭乐；番木瓜，就是现在我们常见的木瓜。

目前的主流热带水果三剑客是榴梿、杧果和山竹。

杧果是唐朝就传入的，榴梿和山竹都要到郑和下西洋时才有记载。郑和当年吃过这两种水果，但都没有带回来。榴梿是因为对种植的气候环境要求极高。山竹则是因为种子一旦远离果皮就会丧失活性，难以移栽。

还有香蕉。有人说香蕉原产于印度，但战国时期的文献中，就已有关于香蕉的记载。刚开始，香蕉是经济作物，古人用它的纤维来纺织。晋朝人说香蕉味道像葡萄，还脆而甜。可见，古时候的香蕉跟今天的差距颇大。

最后再说一种像是外来传入，实则是本土原生的水果——猕猴桃。猕猴桃在古代叫"苌（cháng）楚"，但是只作观赏用途，并没有培育成可以吃的水果。20世纪初，一名新西兰女教师将猕猴桃带回新西兰，被当地的果农培育成新品种，并用新西兰国鸟几维鸟的名字"kiwi"来命名。这种水果再次传入中国时，被我们音译为"奇异果"。

回顾陪伴中国人几千年的水果，不论是千金难求的珍品，还是未经改良难以食用的野果，在科技和商业的助力下，在今天都成了人们的众多选择之一。

我们不再惊喜于杨梅从树上到嘴边的时候尚且挂着露水，也不会为不断推陈出新的品种而感到不可思议。新兴的水果，不光有巨大的商业价值，也在不断重构着我们的味觉偏好。

香料：味觉记忆塑造者

从葡萄牙到西班牙，从哥伦布、达·伽马到麦哲伦，因为香料，世界地理大发现由此开启。

从东南亚热带雨林，到拉丁美洲种植园，再到三角贸易航线上无数来往密布的货船，因为香料，世界文明史在拨云见日的同时，浸透了鲜血。

千年的疯狂迷恋，几百年的殖民掠夺，世界版图就在这样的背景下仓促形成。至此，作为主角之一的香料，可以毫不掩饰地宣布：我，改变了世界。

香料，即香味调料，按属性可分为动物性和植物性。动物性香料有龙涎香、麝香、海狸香等，它们是动物身体的分泌物。大部分香料是植物性的，由不同植物的叶、果实、种子、根茎或树脂制成，我们平时所熟知的香料大都在此列。这些植物中含有醇、酚、酮等挥发性化合物，所以能产生芳香。

如果按用途划分，从古至今，香料的主要功能有：宗教祭祀、入药、食用、工业生产等。在本篇里，我们来重新认识一下中国人饮食中的香料。

肉桂

相比于在前文中介绍过的五蔬和五果，大多数人更为熟悉的还是"五香"这个词，因为它在生活中出现的频率很高，比如：五香瓜子、五香茶叶蛋、五香臭豆腐、五香面等。

主流观点认为，五香指的是肉桂、丁香、茴香、八角、花椒。

肉桂其实就是取自肉桂树的树皮，因而在外观上非常好辨认，它也是中国人最早使用的香料之一。屈原在《九歌·东皇太一》中有言："蕙肴蒸兮兰藉，奠桂酒兮椒浆。"这里面的桂酒，就是加了肉桂的米酒。

秦始皇一统天下后，为什么还要攻打百越，一路打到广西呢？相传就是因为广西盛产肉桂。后来，秦始皇设天下郡县，因广西肉桂成林，故称"桂林郡"。此后，广西的历代首府皆是桂林，直到今天，广西的简称也依然是桂。

月亮上的桂树最初应该也是指肉桂，到唐朝才慢慢变成桂花树，有了"吴刚伐桂"的传说。

目前主流的肉桂有两大类：一种是中国本土肉桂，比较厚，味道偏辛辣；一种是斯里兰卡等地生产的肉桂，偏薄，一般会被卷成细细的一卷，味道偏甘甜。西方人习惯把肉桂磨成粉，用来做甜品、面包、咖啡等；中国人则更习惯用肉桂来做菜、炖肉，增香提味。

丁香

戴望舒曾经在《雨巷》里写道："一个丁香一样的，结着愁怨的姑娘。"这是因为丁香花的花期开始的时候，绽而不放，密密麻麻，如同人的愁思郁结。但戴望舒提到的丁香是指丁香花，和作为香料的丁香不是一种东西。

作为香料的丁香晒干后花朵如钉，带有香气，故称丁香，在古代又叫鸡舌香——果实的内部构造像鸡舌。

丁香是外来香料，在古代相当珍贵，作用相当于今天的口香糖。

汉桓帝手下的侍中刁存，有口臭的毛病，他经常在桓帝面前晃悠，把汉桓帝熏得受不了。某天，汉桓帝赏赐了他一块鸡舌香。刁存一尝，辣辣的，味道怪怪的，以为皇帝给自己赐毒了，吓得跑回家里，要跟家人诀别。

古代有"怀香握兰"的说法，就是代指"在皇帝左右处理政务的近臣"。有记载说，曹操曾送给诸葛亮五斤鸡舌香。很多人就以为，这是曹操在嘲讽诸葛亮是"嘴强王者"。其实不然。含鸡舌香是为了什么？面奏天子。天子在哪里？在他曹孟德那里。假如这事儿是真的，那可是曹操要拉拢诸葛亮的意思。

在橙子上插满丁香，可以放在室内当熏香使用——这是慈禧的创意，大家也可以试试。

茴香

茴香可能是国内香料中最容易让人感到困惑的。南方、北方、大西北，对茴香的定义都不一样。

植物学中的茴香，是绿色的伞形科茴香属植物，茎和叶都能吃，这也是北方人常吃的茴香。茴香结的种子，叫茴香籽，这才是我们常说的香料中的茴香。在魏晋时期，茴香就已经传入中原。嵇康写的《怀香赋序》里的"怀香"，应该就是茴香。

茴香籽叫小茴香，而大茴香则是"五香"里的另一位——八角，也叫八角茴香，八个豆荚排成花，里面有个小豆子。古人还会拿八角茴香当喝酒时的零食。

花椒

作为本土香料，花椒无疑是中国香料界的龙头老大。

最开始，花椒是被用在祭祀礼仪中的，后来才慢慢变成饮食调料。目前常见的花椒有红花椒和青花椒。红花椒香味大，麻劲小；青花椒则更偏麻。此外还有藤椒，它的颗粒比青花椒小，不太容易保存。

人们吃花椒，主要是取其麻。麻不是味觉，而是来自神经对震动的感知。

汉朝喜欢拿香料涂墙，最有名的就是拿花椒和泥涂墙，称为"椒房"。《长恨歌》里写"梨园弟子白发新，椒房阿监青娥老。"椒房后来成为后妃居室的代称。

花椒不仅位列"五香"，还是传统辛料"三香"之首。花椒、食茱萸、姜，共同构成了中国人最早的辣味来源。古人经常食用的葱、蒜也有辛辣味。和尚吃完这些，一张嘴念经，能把周围人熏得够呛。因此，梁武帝把这些重口食物称为"荤"，并下令禁食。和尚不吃荤也由此而来。

在古人的食物中，辣的主要来源是食茱萸。但在辣椒传入之后，食茱萸大受冲击，渐渐淡出国人视野了。

胡椒

说完花椒，怎能不提胡椒呢？常见的胡椒有带皮晒干的黑胡椒和去皮晒干的白胡椒。此外，还有绿胡椒和红胡椒。

西方人对香料的拥趸，源于他们腌渍肉类的需要。西方人偶然发现胡椒和肉类的奇妙搭配后，就一发而不可收。哥伦布去找印度，说来说去还是为了胡椒和黄金。

在中国，张骞出使西域后，虽然引入了胡椒，但也一直是奢侈品般的存在。唐朝宰相元载专权跋扈，引起了皇帝的猜忌，他被抄家时，查没了胡椒八百石，相当于现在的几十吨。

明朝于谦曾写诗讽刺此事："胡椒八百斛，千载遗腥臊。"（《无题》）不过，到了明朝，因为南洋的海外贸易频繁，胡椒进口量大增，也开始走入寻常百姓家。

辣椒

辣椒原产于美洲。在明朝时，辣椒通过东南沿海贸易进入中国。最开始，辣椒是作为观赏的植物。到康熙年间，贵州等地才有人开始食用辣椒——穷苦百姓买不起盐，就用辣椒来给食物增味。清朝中后期，辣椒已经风靡四川、湖南等地。

晚清重臣曾国藩是湖南人，据说他想吃点辣椒都得偷偷摸摸地，怕被人笑话。但是直到民国，重辣的菜依然是低收入的代表，高档餐馆都不重辛辣。

随着人民战争的胜利，以及改革开放后川菜的风靡，由辣椒掀起的味觉革命，重塑了中国人的饮食习惯。辣椒传入中国四百余年，可真正被人们普遍接受，也不过四十年。

有意思的是，辣椒刚传入中国时，我们叫它番椒。同一时期，葡萄牙人也把辣椒传到了日本。而日本人喜欢把外来产物加个"唐"字，比如唐扬鸡肉串，于是他们管辣椒叫"唐辛子"——听起来像是中国产物。

姜

接下来我们聊聊姜。姓氏的"姜"和香料中"姜"原本不是一个字，只是在汉字简化时二者统一了。姜子牙号称"百家之祖"，而姜在植物界也有"百味之祖"的称号。

先秦时期，正餐吃肉的话，一定少不了姜。孔子说，"不撤姜食，不多食。"（《论语·乡党》）意思是：不能没有姜，但也不能吃太多。

"阳朴之姜，招摇之桂"，四川的生姜和广西的肉桂，都属于世间珍品。而身为四川人的苏东坡，连喝茶都得放姜，这是他引以为豪的养生秘方。

除了我们常见的生姜，还有两种姜我们也常看到：姜黄和高良姜。

姜黄也叫黄姜，在南亚、中东等地区被广泛食用。印度咖喱黄黄的，就是因为有姜黄。我国西北地区也有用姜黄给面食上色调味的习惯。高良姜也叫蛮姜、良姜，一般用作中药，十三香里也有它。

豆蔻

豆蔻的种类很多，常见的有红豆蔻、白豆蔻、草豆蔻。

红豆蔻是大高良姜的果实，也叫良姜子，个头很小，像小小的干红枣。一般卤水中会放红豆蔻去腥。中国原生的豆蔻是草豆蔻，而我们熟悉的应该是唐末传入中原的白豆蔻。

豆蔻大部分都是姜科植物，但肉蔻例外，它属于肉豆蔻科。不论是十字军东征还是后来的大航海时代，肉蔻都是西方人最需要的香料之一。可以说，有肉蔻的地方就充满了掠夺与鲜血。

香料既可以腌渍肉类，又可以用来酿酒，还能治病、做药物，甚至还能防腐。除此之外，还可以制作香水和香薰。对于西方人来说，香料真是不可或缺的存在。

孜然

得益于新疆烤羊肉串的风靡，我们对孜然这一香料已经非常熟悉。历史上，西亚与北非是最早种植孜然的地区。埃及人会用孜然给木乃伊防腐。中国古代也称孜然为"安息茴香"。孜然虽然在中国历史上的记载较少，但却是目前仅次于胡椒的世界第二大香料。

芫荽

芫荽（yán sui）是一个神奇的存在：它既是香料，也是蔬菜；有多少人爱它，就有多少人怕它。现在我们都叫它香菜，其实芫荽才是其正式名称。

汉朝，它随着丝绸之路传入中国，被称为胡荽。后来少数民族内迁，羯人石勒称帝。因为他避讳"胡"字，便把胡芫荽改名为香荽。还有种说法，黄瓜也是这时由"胡瓜"改叫"黄瓜"的。

五千年前的叙利亚地区，人们用芫荽和孜然的种子给啤酒调味。我们今天喝的福佳啤酒，其成分里就有芫荽籽。

薄荷

薄荷原产于欧亚大陆，在汉代传入中国。最初，人们把薄荷当作草药来使用，可以清热解毒。

在经济发达的宋朝，出现了各式各样的饮料，当时人称

"饮子"，类似今天的果茶和凉茶。这时候，人们也开始将薄荷当作饮品来饮用。《事林广记》中就有薄荷汤的记载。

宋朝人不仅喜欢薄荷，还总是把薄荷和猫联系到一起。

我们都背诵过陆游的"夜阑卧听风吹雨，铁马冰河入梦来"，气势雄浑，波澜壮阔。可你知道吗，其实陆游一口气写了两首《十一月四日风雨大作》。另一首是这样的："风卷江湖雨暗村，四山声作海涛翻。溪柴火软蛮毡暖，我与狸奴不出门。"大意是：外面雨这么大，我还是跟我的小猫咪（狸奴）躲在被窝里吧。

陆游喜欢猫是祖传的，他的爷爷陆佃就喜欢猫，而且还是个植物学家。陆佃研究发现："鸠食桑葚则醉，猫食薄荷则醉，虎食狗则醉。"（《埤雅·释兽》）记录了猫醉薄荷这一现象。

不过，现代的猫薄荷是一种叫荆芥的植物。宋朝人或有混淆也未可知。

香料对于西方，是一部欲望与征服的历史，是故事中的绝对主角。而香料之于国人，则从来都在视野之外，默默塑造着味觉的记忆。

从屈原笔下象征着高洁的佩兰、杜衡、留夷，到如今在各种香料的加持下登峰造极的中餐，香料早已成为我们生活中不可或缺的一部分。

虽然吃菜时不小心吃到大料，还是得抱怨一句。但那又如何？香料只会"事了拂衣去，深藏身与名"。

古人也熬夜？

想必大家或多或少都知道《三国演义》里诸葛亮骂死王朗的名场面。

《三国演义》里，王朗半夜在军事会议上夸下海口，会议结束后，估计他又翻来覆去把第二天骂诸葛亮的话彩排了好多遍。王朗一上头，直接忽略了一点：自己已不是能随意熬夜的年纪了。于是第二天，王朗的一波技能输出全被丞相打断，王司徒急火攻心而亡。

胜方 MVP 是鞠躬尽瘁的诸葛丞相。当司马懿知道诸葛亮在军队里事必躬亲之后，说："（诸葛亮）睡少而事多，必不能长久。"果然，后来在五丈原前，"八月二十三，天愁地惨，星斗无光，武乡侯奄然归天"。（《八扇屏》）

想当年丞相未出山时，高卧草堂，天天过的是什么神仙日子？"大梦谁先觉，平生我自知。草堂春睡足，窗外日迟迟。"天天睡到傍晚，要不怎么能人送外号"卧龙"呢？

这给我们什么警示？人不能老熬夜。

寝、寤、寐、㜮

古人如何看待熬夜这件事？我们熟悉的典故里就有答案。

"囊萤映雪""凿壁偷光"，这些成语都是赞扬古人夜里加班学习的。"三更灯火五更鸡，正是男儿读书时"，这种精神值得提倡，但并不符合老祖宗的养生理论。

在现代科学到来之前，中国人讲究阴阳调和。睡觉这事就是来分隔昼夜的，"昼为阳，夜为阴"（《易学启蒙》），阴阳的交界，就是人的入睡和醒来。从古人视角看，熬夜晚睡有违天道，"日出而作，日入而息"（《击壤歌》）才是正确做法。

古人还把睡觉时的不同状态，用了不同的字来描述，比如：就寝的"寝"，寤寐思服的"寤"和"寐"，还有"㜮（mèng）"。

寝是形容人睡觉的地方。宝盖头是房顶，房顶下的字形以前是一把扫帚——因为古人睡席子，睡觉之前得用扫帚清扫。不管你睡没睡着、打没打呼，只要你进了屋，躺下了，闭眼了，就算是就寝了。

寝也指人睡觉时的空间。我们上学时住的宿舍叫"寝室"，皇帝睡觉的地方叫"寝宫"，陪皇帝睡觉叫"侍寝"，人死了长眠的地方叫"陵寝"。

有一个词叫"寝而不寐"，"寐"是什么意思呢？

范仲淹有词云："羌管悠悠霜满地。人不寐，将军白发征夫泪。"寝是去睡觉，寐就是睡着了，进入深度睡眠了。所以形容早起晚睡叫"夙兴夜寐"，失眠叫"夜不能寐"，彻底睡着了就是"寐"，不脱衣服小睡一会儿就是"假寐"。

《关雎》里写道："窈窕淑女，寤寐求之。求之不得，寤寐思服。悠哉悠哉，辗转反侧。"半夜惦记心上人，翻来覆去睡不着，这是"辗转反侧"；醒了睡、睡了醒，这是"寤寐思服"——简单两个词，把失眠形容得相当精准。

寤寐里的"寤"，就是醒了。在睡梦中醒过来，这是心里藏着事，所以醒来想事就叫"寤怀"。醒来想事想得发愁，连连叹气，叫"寤叹"。睡醒了，古代也叫"觉寤"。而"寤"又通参悟的"悟"字，故而有了"觉悟"一词。

最后一个字"寢"，是梦的异体字。

梦就是人的主观意识记忆碎片在睡眠中，被逻辑或者非逻辑地组成情节段落的一个过程。人寐了，进入深度睡眠，就该做梦了。从古代的"周公解梦"到弗洛伊德的《梦的解析》，梦境一直为古人与今人津津乐道。

这就是寝、寐、寤、寢，能与今天常用的四个字一一对应，即睡、眠、醒、梦。

皇帝也得熬夜

说完老百姓，我们再来看看皇家。那些工作强度大且常常熬夜的皇帝，就没几个长寿的，比如秦始皇、雍正。

秦始皇统一六国后，每天有许多政务要处理。他不肯假手他人，大事小事都要亲自决断。史书记载，他"昼断狱，夜理书"（《汉书·刑法志》）——白天断案，晚上处理文书，天天熬夜，干不完就不睡觉。故秦始皇四十九岁就去世了。

雍正也一样。他经常熬通宵，还天天凌晨起床办公。北京城的冬天起床多困难啊！如此勤政的皇帝，早早地熬死了。而且他为了缓解熬夜的疲惫，动不动就服用丹药，这也是他寿命比较短的原因之一。

雍正的儿子乾隆，作为历史上有名的高寿皇帝，就很值得今天的我们学习了。首先，他坚决不碰丹药，注重饮食健康；其次，他注意调理和运动，还很讲究进补；再加上心态好，自然就很长寿。

不过，不论皇帝还是平民百姓，古代人对熬夜危害最直观的认知就来自中医。《黄帝内经》上讲："故人卧血归于肝。"该睡觉就得睡觉，这样血液才能正常流经肝脏，一熬夜，第二天就会精气不足，血压升高。

古代夜班与打更

其实熬夜加班并不是现代人的专属，古人也会加夜班。

古代管加夜班叫夜直。在皇宫里，有武将负责夜晚的宫城宿卫；文官也会在夜半当值，处理文书公务。

《三字经》里有这么几句："香九龄，能温席，孝于亲，所当执。"说的是东汉时期有个叫黄香的人，从小就孝顺，冬天给父亲暖被窝，夏天给父亲扇扇子，是德才兼备的一个小伙子。后来黄香就进中央了。唐诗有云："黄香省闼登朝去，杨仆楼船振旅归。"（《送袁郎中破贼北归》）"省闼"就是宫中的意思。

在尚书台就职的时候，黄香经常加夜班，就要睡在单位。遇上这种"卷王"，老板看了能不喜欢吗？后来他任满之后要升迁，皇帝都舍不得他走。

唐朝的夜班制度更严格了，"令宰相每日一人宿直，其后与中书、门下官通直"(《唐会要·当直》)，也就是三省官员都得值班。同时，还设有专门负责值班管理的直令史。

白居易半夜值班无聊，就写写诗："银台金阙夕沉沉，独宿相思在翰林。三五夜中新月色，二千里外故人心。"(《八月十五日夜禁中独直，对月忆元九》)白居易上夜班思念的人是谁呢？他的好友——元稹。

不仅当官的值班要熬夜，很多基层老百姓也是要熬夜的。城门上的夜间守卫、打更的更夫，都是老百姓。

电视剧里经常看到一个老头半夜敲锣打更。一方面，更夫要准点报时，帮人们确定时间；另一方面，更夫夜晚巡逻，也有防火防盗的作用。古代都点油灯，房子也都是易燃的木质结构，一不小心就"火烧连营"了。所以，更夫要一边巡查一边念叨，"天干物燥，小心火烛"。

"怀民亦未寝"

既然说到熬夜，必须提一下大宋知名夜猫子苏东坡。

回想一下，我们从小到大学过的苏轼的作品，都像是在晚上写的。

"明月几时有？把酒问青天"，这是他半夜不睡，一边喝闷酒，一边想弟弟。

"十年生死两茫茫""夜来幽梦忽还乡"，这是他半夜不睡，在思念亡妻。

"夜饮东坡醒复醉，归来仿佛三更。家童鼻息已雷鸣。敲门都不应，倚杖听江声。"（《临江仙》）这是他出门喝酒，疯到半夜才回家，结果家里书童把门都上锁了。

苏轼不光自己熬夜，还拉朋友陪他一起熬。千古名篇《赤壁赋》里，几个夜猫子又是吹箫，又是探讨哲学。最后，"相与枕藉乎舟中，不知东方之既白"。

不过最有名的还得是《记承天寺夜游》。苏轼半夜睡不着，去找好朋友张怀民，而"怀民亦未寝"——简单五个字，直到成年后才明白是多么珍贵。当我烦闷的时候，刚好你在身边。这才是朋友啊！

熬夜能耗

古人熬夜与今天最大的不同在于，古代熬夜不光费神、费力，还费钱。

在古代，蜡烛成本是很高的，比较通用的是油灯。在野外时，点一堆柴火就可以照明了。可住进房子里，就不能这么干了，烟大，还容易引发火灾。于是古人就将动物油脂提炼出来，将灯芯浸在油脂中点燃。后来，灯芯里也用上了菜籽油、麻油等植物油。

人们也一直用石油来照明，将石油称为石脑油、石液。宋朝的沈括在《梦溪笔谈》中最早将其命名为石油。

古人熬夜照明靠油灯，困了怎么办？就得喝茶提神。古人还给茶起了一个相当标致的名字：不夜侯。

"惜气存精更养神，少思寡欲勿劳心。"（《摄养诗》）自从智能手机普及了，现在的年轻人越来越能熬夜了。愿大家都能少熬夜、不熬夜，保持积极健康的态度和正常合理的作息。未来长路漫漫，身体才是革命的本钱。

不如饮茶先

茶是世界三大饮品之首，我们的祖先最先发现了它。

"茶"这个字最早出现于三国时期，近年来出土的带有"茶"字的青瓷可以佐证这一点。清朝学者顾炎武在《日知录》中提到："自秦人取蜀，而后始有茗饮之事。"他认为，饮茶的习惯发端于战国末期的蜀地。关于饮茶的起源，这个说法是比较靠谱的。

古人煮茶

六朝时期，关于饮茶的记载开始变多。南梁人陈庆之北伐，被北方人嘲笑是"菰稗为饭，茗饮作浆"（《洛阳伽蓝记》）。南方人喝的这东西，北方游牧民族看不上，称茶为"酪奴"，即酪的奴隶。

六朝人喝的茶是什么样子呢？先把茶叶烤一下，再捣成末，煮茶时添加葱、姜、橘皮，煮成一锅胡辣汤一样。难怪北方游牧民族看不懂。这种形式的茶直到今天还有流传，类似南方很多地区流行的擂茶。

当然，也有不加调料的茶，称为清茗。清茗颇符合魏晋士人崇尚清简的风格，对后世的茶文化产生了重要影响。

以上就是茶的最初面貌，即煮茶阶段。

陆羽与《茶经》

到此为止，茶的正篇故事尚未开始，因为那个命定之人尚未到来。在他之前，茶只是一种普通饮品。在他之后，茶就此成形，成为茶道，成为艺术，成为中华文化最重要的载体。他是孤儿，一生无儿女，如流星划过中唐的天空，似乎就是为了留下那一部叫《茶经》的作品。

他就是被后世称为"茶圣"的陆羽。

今天，我们主要通过炒青来制茶，而唐宋的制茶方法都以蒸青为主。不论是蒸还是炒，都是为了防止茶叶发酵，保持其绿色。今天的"杀青"一词就来源于此。

在陆羽生活的时代，人们喝茶还是延续此前的煮茶方式。陆羽是第一个对采茶、制茶、煮茶、品茶等环节进行专门研究，并形成一套标准规范的人。陆羽推崇"煎茶法"，并规范了煎茶所用到的茶器和茶具。

《茶经》中记载了生火的风炉、将茶碾碎的茶碾、拂末和用来烹茶的容器——鍑。陆羽还提到两件用来盛放茶具的器物：具列和都篮，类似于今天的收纳架和行李箱。

何谓陆羽的煎茶法呢？唐朝都喝团茶，煮茶以前要先烘烤饼茶，再用茶碾把茶饼碾成末。煮茶时，先用火炉将水煮沸。第一次水沸，加盐，给水提鲜；第二次水沸，要舀出一瓢水，并搅动水形成漩涡，投入茶末；第三次水沸，将刚才舀出的一瓢水加进去，避免水老——跟煮饺子似的。

陆羽对煎茶的水要求很高。相传李季卿在扬州碰到陆羽，要请陆羽煎茶。李季卿命手下取来一瓶"扬子江南零水"。

陆羽舀起来说："这水确实是扬子江的，但不是南零的，更像是临岸之水。"

手下赶忙说："我取水时大家都看见了，不敢虚报。"

陆羽不说话，把水倒掉一半，又舀起来看了一眼说："这才是南零水。"

手下连忙认错，说："我从南零取回来，不小心在船上洒了一半，于是在岸边用水灌满了。"

众人都啧啧称奇。

虽然只是传说，但不同的水味道确实会有微妙的差别。我的老家是北方茶乡，可谓"无一家一日不饮茶"，我从小就经常听到家人说"甜水"和"溇水"。甜水，即地下水或者泉水。而溇水，则是盐碱化的地下水。这两者入口的区别是很明显的。

陆羽虽然还没摆脱此前煮茶的某些规则，比如加盐，但从他开始，茶从一种普通的饮品演变成一种文化现象，茶文化走上了正轨。梅尧臣有诗云："自从陆羽生人间，人间相学事春茶。"（《次韵和永叔尝新茶杂言》）

陆羽是竟陵人，《全唐诗》中收录了陆羽的《六羡歌》，亦是其一生写照："不羡黄金罍，不羡白玉杯。不羡朝入省，不羡暮入台。千羡万羡西江水，曾向竟陵城下来。"

禅茶一味

不过，饮茶这件事不是平民阶层能够轻易享受的。从团茶的制作，到煎茶、饮茶，要想玩这一套操作，不光要有钱有闲，还得有文化。符合这个要求的，恐怕只有皇家与佛门了。

大家都知道一个词叫"禅茶一味"，甚至"吃茶去"三个字可以借指参禅。可见禅宗对茶文化的普及有着重要意义。

禅宗由达摩祖师创立，传到五祖弘忍时，要选定下一任继承人。弘忍便命众弟子写一篇偈语。上座师神秀向来为众人所尊崇，他挥笔写下：身是菩提树，心如明镜台。时时勤拂拭，莫使惹尘埃。大家都觉得好，互相传看。

此刻一个叫慧能的人在寺院里舂米，他是个编外人员，连弟子都算不上。慧能听大家叽叽喳喳，便问大家念的是什么。众人就把神秀的偈语念给他听。慧能说："美则美矣，了则未了。"

慧能不识字，也想了几句偈语，请人代写在墙上。众人上前看，只见写道：菩提本无树，明镜亦非台，本来无一物，何处惹尘埃。

五祖弘忍看过后，说了一句"还未见性"。半夜，他去舂米的房间见慧能，问："米舂好了吗？"慧能说："舂了，还没筛。"弘忍听了，敲了三下舂米的碓，走了。

慧能心领神会，半夜三更去弘忍房间。弘忍为其讲授了《金刚经》，并将衣钵授予慧能。从此，慧能成了禅宗六祖。而禅宗也由此分为南北两派，即南宗慧能的顿悟法门，和北宗神秀为代表的渐修法门。

从神秀偈语中的"时时勤拂拭",就能看出通过渐修达到顿悟成佛的北宗风格。既然要"时时勤拂拭",且和尚过午不食,还要禅修打坐,困了怎么办?只能饮茶提神。因此,北派禅宗在茶文化的推广上做出了不可磨灭的贡献。

宋点茶

我们谈论古代饮茶方式,常说"唐煎、宋点、明泡"。煎是煎茶法,点是点茶法。但其实点茶在唐朝就已经出现,宋朝更是煎茶、点茶、泡茶三种方式都有,并非某一时代独创。

宋朝人把加水的这一步骤叫"冲点",故而叫点茶,大致步骤是这样的:第一步,先将团茶炙烤一下,碾成茶末,再用茶罗筛一下;下一步,将茶末倒在茶盏里,加少许水,用茶筅调制成糊状,再注水,用茶筅快速搅拌——这是点茶最重要的步骤,称为击拂。击拂时茶沫上浮,却又不溢出茶盏边缘,宋人称之为"咬盏"。

宋朝人在点茶这件事上玩尽了风雅,比较有名的是"生成盏"和"茶百戏"。

生成盏是在茶汤表面幻化出一句诗,四盏茶则成一绝句。茶百戏即在茶汤表面的一层泡沫上蘸水作画，或为花鸟，或为山水。

点茶的盛行让宋朝人痴迷于斗茶，文人雅士常聚在一起，通过点茶来比较茶的优劣。

朱元璋"废团改散"

到了明朝，开国皇帝朱元璋觉得团茶太过复杂，劳民伤财，于是下令：废团改散、废蒸改炒。散茶的出现让"泡茶"从此成为主流的饮茶方式——中国茶的历史由此改写。

宋朝以后，铁锅开始普及，这让炒青的加工方式取代了原本的蒸青。到了清朝，茶叶开始成为对外贸易的当家商品。自此，由绿茶、红茶、青茶、白茶、黄茶、黑茶六大茶叶组成的饮茶体系形成。茶馆遍布全国，茶叶完成了从王公贵族饮用的奢侈品到平民阶层日常饮品的蜕变。

奶茶与果茶

再来说说我们今天爱喝的奶茶和果茶。

最初，北方游牧民族将奶和茶混合在一起饮用。不论是建立元朝的蒙古族还是后来的清朝皇室，都对奶茶青睐有加。包括西部的藏族人民最爱的酥油茶，也是奶茶的一种。

之后，奶茶这种喝法传到了隔壁印度，于是印度人民往里面可劲儿加香辛料。随后，印度被英国殖民统治，奶茶传入西方世界，诞生了英式奶茶和荷式奶茶。荷式奶茶不像英式奶茶那样加太多香辛料，而是以枫糖作为调味剂。

在世界殖民扩张中，英式奶茶影响了中国香港地区，形成了后来以丝袜奶茶为代表的港式奶茶；荷式奶茶则影响了台湾省，形成了以珍珠奶茶为代表的台式奶茶。

中国大陆奶茶是在港式和台式的基础上融合发展的，从最初不含奶也不含茶的奶茶，到慢慢采用鲜奶和茶叶，添加椰果、布丁、珍珠等小料的奶茶，后来又延伸出了奶盖，以及加入各种新鲜水果的喝法。

一片叶子，落进水中，便让我们足足爱了两千多年，但这远未结束。中国茶，如我们这代人一样，尚且年轻。

古人消夏录

进入现代社会以来，有了电，我们的消暑方式从手摇扇进步到风扇，再到空调。要我说，发明空调的人真是"配享太庙"。想想古人，在连电风扇都没有的情况下，是怎么熬过炎炎夏日的呢？

古人也有空调

据《西京杂记》记载，汉朝长安城有人发明了七轮扇，"一人运之，满堂皆寒颤焉"。这七轮扇估计就是一个圆滚轴上有七个叶片，用人力来旋转的轴心驱动工具。跟电风扇的使用逻辑很像。

唐朝的含凉殿比较类似于空调。

含凉殿依水而建，水边设有扇轮。流水驱动扇轮，扇轮再将风和流水的凉气吹进大殿。人们还将水引到大殿房檐上。水顺着房檐不断地流下来，形成不间断的水帘，阻隔热气，释放水汽。

古人说含凉殿"阴雷沉吟，仰不见日，四隅积水成帘飞洒，座内含冻"（《唐语林》）。这种标准配置的空调房，不愧是皇帝过的日子。

唐宋以后，文人雅士也会建造水亭、凉屋，利用水流来达到空调的效果。

我们现在去江南的一些明清民居，会看到一种"土空调"：房间地上打个洞，连接地下室。地底温度低，地下的凉意就会通过小孔传递上来。

制冰与存冰

其实从周朝开始，我们老祖宗就有冰窖了。冬天存冰，夏天用。

《诗经·七月》有云："二之日凿冰冲冲，三之日纳于凌阴。"打工人们听从周天子的指示，冬月去河里哐哐砸冰，正月里来一排排搬进地库里。

周朝管凿冰的人叫"凌人"，管冰窖叫"凌阴"。凌，就是冰。

地库里的冰怎么保存呢？冰块下面要铺上稻草，上面再盖上树叶、木屑等隔热，跟早些年小商贩用棉被包着一箱雪糕沿街叫卖是一个道理。冰块在封闭的地下，虽然融化得很慢，但到了夏天，仍然会化掉三分之二。所以在冬天存冰的时候，一般会把损耗算进去，按夏天实际使用量的好几倍来存储。

这种官方存冰的习惯一直延续到清朝。到现在，北京的一些地方还留有清朝的冰窖旧址。

不过，夏天享受冰块的清凉，只是皇帝和贵族的特权，所谓"食肉之禄，冰皆与焉"（《左传·昭公四年》）。从周朝到明清，一直都有帝王赏赐臣属冰块的福利制度。曾侯乙墓出土的冰鉴，就是用来盛放冰块的容器。

晚唐，人们发现硝石溶于水会吸收热量，让水降温直到结冰。利用这个特性，人工制冰技术诞生了。这个方法理论上可行，在应用方面尚有争议。制冰对硝石的需求量很大，而硝石在古代又是战略物资，不是可以随便买卖的。

但随着技术进步和民用冰窖的发展，宋朝的平民阶层在夏天吃冷饮已经很普遍了。冰块渐渐走进了市民阶层的生活中。

防暑衣着大全

我们一想到古人的衣着，会觉得他们一年四季都穿宽袍大袖。其实古人夏天有夏天的穿法。

天热防晒，得戴个草帽或斗笠吧？古代有遮阳的凉笠，还有竹笠。穿的呢？宋元之前，棉花还没普及，而丝织品价格高昂，只有达官显贵穿得起，平民阶层广泛使用的纺织原材料是葛与麻。

葛的纤维很硬。葛布衣服上浆后需要频繁地捣，直到柔软平整。李白有诗云："长安一片月，万户捣衣声。"（《子夜吴歌·秋歌》）捣衣就是把葛布衣服捣软、捣平整。因葛布清爽透气，古代又管葛布叫作"夏布"。

档次再低一点的，就是麻布。相比葛，麻更粗糙但也更透气。宋朝以后，随着棉花的普及，麻就慢慢退出日常衣着了。但在清凉透气上，葛和麻确实是首选的纺织原料。

如果穿这个还是热，该怎么办？古人发明了竹衣（图1）。竹衣是内搭，可以在肌肤与外衣之间形成一道透气的间隔。还有用料更高级的，叫珍珠衫，应该是把细竹管换成了珍珠。《三言二拍》里就讲了《蒋兴哥重会珍珠衫》的故事。

那达官显贵穿什么避暑呢？你看马王堆出土的素纱单衣（图2），看上去比我们今天穿的衬衫材料还透气。

古人总说"绫罗绸缎"。这四样都是丝织品，只是纺织纹路不太一样。

古代达官显贵穿得最多的是"罗衣"。罗是经线和纬线穿梭绞合而成的纺织品，表面疏松通透。古诗词里只要提到罗，都充满了奢华与浪漫——"记得小苹初见，两重心字罗衣"（《临江仙·梦后楼台高锁》）、"闻琴解佩神仙侣，挽断罗衣留不住"（《木兰花·燕鸿过后莺归去》）。可见，罗是达官显贵的夏日首选衣着。

消暑妙招

老百姓穿葛麻，达官显贵穿罗衣，古人夏天还有没有别的消暑方式？当然有。

比如，放荡不羁的李白："懒摇白羽扇，裸袒青林中。脱巾挂石壁，露顶洒松风。"（《夏日山中》）头巾拆了披头散发，衣服脱了袒胸露乳，摇着扇子感受松间凉风。

宋朝人对如何去山中消暑，还有更为详细的描写："炎天何处可登临，须于物外寻。松风涧水杂清音，空山如弄琴。 宜散发，称披襟，都无烦暑侵。莫将城市比山林，山林兴味深。"（《阮郎归》）

夏夜，古人一般会躺着纳凉。躺的要么是竹床，要么是竹席，甚至还有竹夫人（图3）。

《红楼梦》中，薛宝钗出过一个灯谜："有眼无珠腹内空，荷花出水喜相逢。梧桐叶落分离别，恩爱夫妻不到冬。"谜底正是竹夫人。竹夫人是个竹编的空心滚子，睡觉的时候抱着，可以增加皮肤表皮和竹子的接触面积。只有夏天会拿出来用，不正是"恩爱夫妻不到冬"吗？

即便有这么多消暑方式，也难敌炎炎夏日的威力。比如乾隆可谓是坐拥天朝物产了，到了夏天，他依然热得要写诗吐槽："冰盘与雪簟，激滟翻寒光。辗转苦烦热，心在黔黎旁。"（《热》）

虽心系百姓，位极九五，可没有空调，依然很无奈。这么想想，现代人天热可以开空调，是不是已经很幸福了呢？

古人御寒录

我们常说一个词叫"饥寒交迫"。想要解决生存问题，饥饿和寒冷是两道绕不过去的坎。

古人熬过了几千年的漫漫冬夜，无论是王公贵族还是平民百姓，都在不断探索各种御寒的方法，形成了丰富多样的保暖文化。

古人取暖之初

百鸟有羽，百兽有毛。最直接的保暖方式就是穿衣服。原始人类通过狩猎，用动物的皮毛制成裘衣，用来保暖。"裘"字的甲骨文就像一件皮毛外露的衣服。

"裘"字的甲骨文

在商朝，人们就开始使用兽皮制作御寒衣物了，不过不同阶层的兽皮有所差异。贵族的裘衣，通常用狐、貂、豹等珍贵动物皮毛制成，不仅保暖，还能彰显身份地位。条件比较好的人家，裘衣多使用鹿、羊、狗等常见的动物皮毛制成。

大多数老百姓则是穿麻衣和葛衣，特别穷困的人，甚至只能靠蓑草编织的衣服御寒。可是麻布、葛布还有蓑草，又薄又不防寒。于是古人就想到用"多层穿衣法"来加强保暖效果。

先秦时出现一种"袷（jiá）衣"，有点像今天的夹克，有里有面，是双层的。两层布料之间可以塞入各种保暖材料，如麻絮、鸭毛、芦苇等，类似今天的棉服或羽绒服。

御寒不仅要穿厚衣服，在吃喝上也有一些讲究。

《诗经·七月》中提到"为此春酒，以介眉寿"。当时的人们会在冬季酿造春酒，既用于祭祀，也可以御寒。羊肉也是重要的热量来源，"朋酒斯飨，曰杀羔羊"，描绘了人们在冬季宰杀羔羊、饮酒作乐的场景。同时，人们也开始用简单的炊具来烹饪和加热食物。"吃热饭"这件事，自古以来就深深地刻进了中华民族的血脉里。

在居住条件上，古人也想出了各种御寒手段。

先秦时期，人们通常将房屋建造为坐北朝南的格局，这样可以最大限度地接收冬季阳光的温暖。此外，房屋结构也经过精心设计。加厚的墙壁、缩小的窗户，都可以减少热量散失。

先秦时期还出现了火塘，其实就是一个土坑，一般挖在房屋附近，里面可以点火，既能做饭，又能取暖。春秋时期，有了专门用于取暖的器具——燎炉，兼具取暖和照明的功能。

秦汉时期，有了壁炉和火墙。考古学家在古时秦都咸阳第一号宫殿建筑遗址中发现了壁炉。壁炉类似一个嵌进墙体的炉灶，有专门的添柴口和排烟道，一般出烟孔在室外，避免炭烟中毒。火墙则刚好相反，它的排烟管一般是铺在墙体里的，流动的热烟通过墙体散发热量。不过，这两种奢侈的取暖方法也仅限于贵族使用。

作为贵族的重要座驾，马车的保暖问题也很重要。马车车厢通常会用布或皮革营造成一个封闭空间，更舒适，也更少受到天气影响。不仅人要御寒，马也要御寒。有一种特制的马衣，由厚布料或动物皮毛制成，能保护马免受风寒。

秦汉取暖进阶

秦汉时期，随着纺织技术的进步，丝绵成了重要的御寒材料。贵族衣物选用上等蚕丝制成，中间加上夹层，用料颇为奢侈。

这一时期的人们，更注重通过饮食来补充热量。贵族们在冬季会食用各种热性食物，如厚切猪肉、炖牛骨等，搭配花椒、干姜等调料，既补充热量，又能抵御寒冷。平民阶层则主要食用萝卜、白菜等蔬菜，偶尔喝上肉汤已属奢侈。人们还会在鼎之类的器皿下用炭来生火，烹调食物，吃法类似于火锅。

汉朝时，皇宫内专门设置了"温室殿"，这是皇帝冬天居住的暖殿。据《西京杂记》记载，温室殿的墙壁用花椒和泥涂抹，墙面披挂锦绣，以香桂做柱子，设火齐屏风，利用花椒性温散寒的特性来散发热气、防潮驱虫。这种椒房堪称古代的"地暖"。

风帽与纸衣

魏晋南北朝是历史上的一次小冰期。北方游牧民族冻得在马背上打哆嗦，于是集中南下。

北魏孝文帝领着鲜卑人迁都洛阳后，胡帽传入中原。戴帽子成了北方胡人过冬的标配。胡帽的代表之一是风帽。风帽有帽冠和帽裙，长度过肩或及耳，挡风御寒，相当实用。

当时，连年的战争让百姓流离失所、物资紧缺，人们便以楮树皮为原料制作衣物。这种衣服的耐穿性好，因此成了平民过冬的标配。到了唐宋，纸衣愈发流行，除了普通百姓，文人雅士也加入穿纸衣的行列，并称其为"纸裘"。

唐宋：能源高效利用

唐宋时期，出现了各种便携式的取暖工具，如手炉和熏炉。

手炉呈椭圆形，里边放火炭或尚有余热的灶灰，炉外加罩，放在袖子里可以暖手。熏炉是王公贵族常用的铜制暖炉，在其中燃烧木炭取暖，或者直接用熏炉燃香发热。还有一种灌水取暖的足炉，比手炉大一点，不仅可以灌上热水暖脚，还可以随身携带或者放进被窝里暖床。黄庭坚在《戏咏暖足瓶》中写道："千钱买脚婆，夜夜睡天明。"其中的"脚婆"指的就是这种暖具。

酒也是必不可少的取暖工具。"绿蚁新醅酒，红泥小火炉。晚来天欲雪，能饮一杯无？"白居易的《问刘十九》，描绘的正是文人雅士冬日围炉饮酒的经典场景。

唐宋时期，木炭是主要的取暖燃料。唐朝有专门销售木炭的店铺。唐玄宗时期设置了"木炭使"，负责购买、烧制木炭，供给皇室和官员使用。为了方便将木材和木炭及时运到长安城中，唐朝皇室还开辟了一条漕河，连通终南山和宫城。

为什么要把木材变成木炭？这件事很有意思。

首先，经过干馏处理后的木炭，其水分与杂质大幅减少，燃烧时放出的热量可达原木的三倍。其次，从运输与储存的角度看，木材烧制为木炭后，重量减少约70%，体积缩小60%以上，极大降低了运输成本，同时还可以长期储存。最后，木炭的价格要比原木高出好几倍，利润空间可观。

《卖炭翁》中的"伐薪烧炭南山中"，是古人对能源高效利用的智慧实践。

巧手织棉黄道婆

元朝，棉花大放异彩。

棉花并非中国的本土作物，宋元以前，仅有少数地区种植棉花。到了宋朝，棉花种植开始向闽广地区扩展，这时的棉布被称为"吉贝"。方勺的《泊宅编》中记载："闽、广多种木棉……然后纺织为布，名曰吉贝。"

元世祖忽必烈施行"奖励农桑"政策，朝廷设置木棉提举司，每年征收棉布十万匹。这是中央政府第一次设立专门机构管理棉花。元贞二年，元成宗又颁布江南税则，将木棉、布、丝绵、绢列为夏税征收的实物。这些举措进一步推动了棉花的种植。

这一时期，一个重要人物出现了，她就是黄道婆。

黄道婆是松江府（今上海）人，在海南岛生活了30多年，学到了当地黎族先进的棉纺织技术。老年的她回到家乡，看到棉花种植虽已普及，但纺织技术很落后，于是下定决心改革。黄道婆引进了先进的棉纺织技术后，松江府以及整个长三角地区一跃成为中国著名的棉花种植基地和棉布纺织中心。

棉花的大量种植，带来棉袄的流行。明清时期，棉袄成了过冬御寒的主力服装，不论男女老少，大家都喜欢穿棉袄。

当我们今天穿着暖和的棉衣时，不要忘了棉纺织技术发展的背后，站着一位伟大的女性——黄道婆。

明清取暖新法

明清时期出现了不少御寒的新装备。

首先，斗篷成为重要的御寒衣物。只要外出，人们总喜欢在衣服外披上一件挡风的斗篷。手套也是这一时期的流行保暖配件。在《镜花缘》中，燕紫琼"身穿紫绸短袄，下穿紫绸棉裤，头上束着紫绸渔婆巾"。这段记载反映出当时流行的冬装：上穿棉袄，下着棉裤，头戴保暖头巾。再比如耳套，明朝"冬至乃赐百官戴暖耳"（《识小录》），"暖耳"多由狐皮制成。到了清朝，官员则戴皮制暖帽，妇女则是用鬏髻或者帕子把发髻包裹起来。

明清宫殿的墙壁中，砌有空心的"夹墙"，墙下面挖有火道，添火的炭口设在殿外的廊檐底下。寒冬一到，专职的司炉太监就会往炭口中添入烧好的炭火，加热整个房间。

明清的地炕技术也更加完善。坤宁宫殿外的廊下，设有两个一人多深的炉坑，坑与暖阁下的烟道相连，太监在坑里烧炭，火气就可传遍烟道及其上方的房间。道光有诗云：
"暗热松枝地底烘"（《养正书屋全集》），形象地描述了地炕
的工作原理。

这一时期的北方，出现了一种特殊的取暖场所——鸡毛
房。这是专为穷人提供的取暖场所，房间地上铺满了鸡毛，
穷人可以躺在上面取暖，熬过寒冬。

高度酒的普及，也让明清时期饮酒御寒的习俗进一步发
展。无论是宫廷还是民间，在冬季都会饮用各种热酒，如黄
酒、白酒等，以抵御寒冷。

近现代取暖

民国时期，一些大城市开始采用蒸汽供暖系统。《当代
北京民用能源史话》记载：光绪十二年，俄国道胜银行采用
低压蒸汽锅炉供暖法，用一台小锅炉为整栋办公楼供暖。这
是北京历史上第一家采用锅炉的供暖单位。此后，东交民巷
各国使馆、北洋政府旧议院和清华学堂等单位先后引进和建
立锅炉房，安装暖气设备。

中华人民共和国成立后，集中供暖系统在北方城市迅速
普及。1958 年，北京第一热电厂建成投产，开始向市区供

热，标志着中国现代集中供热事业的开端。到 20 世纪 80 年代，集中供暖已经成为北方城市冬季的主要取暖方式。

20 世纪 90 年代以后，随着经济的快速发展，空调开始进入普通家庭。空调不仅可以制冷，还可以制热。人们可以在任何季节享受到舒适的室内温度。21 世纪之初，电暖器、电热毯、暖手宝开始普及。这些设备使用方便，加热速度快，成为冬季取暖的重要补充设备。

现代科技的发展带来了各种新型保暖材料，如羽绒服中的羽绒、保暖内衣中的高科技纤维等。这些材料具有轻薄、保暖性能优异的特点，彻底改变了传统的冬季穿着方式。

从兽皮为衣、火塘取暖，到椒房温壁、伐薪烧炭，再到空调、地暖、羽绒服，古人面对严寒迸发出了无限智慧，而今天的我们，已经消解了对寒冷的恐惧。

"安得广厦千万间？大庇天下寒士俱欢颜。"（《茅屋为秋风所破歌》）历代古人御寒的方式，其实就是在反复展示人类文明最本真的模样——在严寒中追寻温暖，在局限里创造可能。最终，让饥寒不再，文明得以远播。

文化篇

何以中国？

这是近年来最常听到的文明叩问。

中华民族的文化内涵，藏在青铜的斑驳里，古玉的温润中，砖瓦斗拱的交叠之间，以及我们每个人的姓氏和名字里。

历史的切片，刻画出我们的来时路，让我们听它们讲述。

万年起落中国龙

形形色色的龙

作为十二生肖里唯一的虚拟神兽，龙显得很另类。龙的来源是什么，目前没有准确的答案。随着考古工作的进展，各种史前龙的形象被发掘，如：红山文化的玉猪龙（图1）、二里头文化的绿松石龙形器（图2）、仰韶文化的蚌塑龙（图3）。形形色色的龙形象，反而让龙的起源变得更加模糊。

以前人们倾向于认为，龙是一个不断融合出来的复杂形象：蛇一样的身子，头上加个牛角，再来点鹰爪、鱼鳞之类的，就成了龙。照这么说的话，科莫多巨蜥倒是很像龙。只不过，科莫多巨蜥大概不会出现在上古华夏大地上。但有一种动物，在史前时代温暖的中原地区是存在的，即鳄鱼。

章太炎先生就持这一观点，即龙的"鳄鱼起源说"。

中国古代的鳄鱼主要有扬子鳄和湾鳄，生活在气候尚且温暖适宜的中原大地。而后，随着北方气候剧变，鳄鱼南迁。中原大地上的鳄鱼逐渐绝迹，这就让后来没见过鳄鱼的人有了将鳄鱼神化为龙的条件。

我曾经认为"鳄鱼起源说"是最靠谱的，但今天看来，也还是存在一定的问题。

我们看考古发掘的蚌塑龙形象，其脖子的构造类似于马脖子。马脖子是龙的主要特征，这是鳄鱼所不具备的。我们再看甲骨文的"龙"字，龙的身体滑溜溜的，没有腿，这跟红山文化的玉猪龙是符合的。由此可见，鳄鱼和龙的形象存在着巨大的差异。因而很多人倒向了过去最主流的观点，即以蛇为基础的"图腾起源说"。

"龙"字的甲骨文

上古龙图腾

"图腾起源说"最早是由闻一多先生在《伏羲考》中提出的。

图腾，是个外来音译词，源自印第安语"totem"，指部落的徽号或象征，是一种血缘之上的族群认同。严复先生在翻译这个词的时候，解释为"蛮夷之徽帜"。在"图腾"一词传入之前，古人是没有图腾概念的，只知道商朝的代表符号是鸟，有熊氏的代表符号是熊，还有代表不同部落的狼、虫、虎、豹。

闻一多先生认为，最初有一个以蛇为图腾的部落，这个部落不断攻打周边部落，将兼并来的部落图腾进行整合，最终形成了龙的形象。这种猜想到今天尚无法证实。这也是"图腾起源说"的最大问题。但有意思的是，传说时代的很多人物又偏偏是蛇身，如伏羲、女娲兄妹二人。

苍龙七宿

还有一种关于龙的说法是"星宿起源说"。二十八星宿是我们中国人自己的星座，以东、西、南、北为四象。

东方苍龙七宿：角、亢、氐、房、心、尾、箕。

西方白虎七宿：奎、娄、胃、昴、毕、觜、参。

南方朱雀七宿：井、鬼、柳、星、张、翼、轸。

北方玄武七宿：斗、牛、女、虚、危、室、壁。

这也是"左青龙、右白虎、前朱雀、后玄武"四象的来源。天上星宿映射到九州大地上，每一个地区就对应一块星野。《滕王阁序》开篇写道："豫章故郡，洪都新府。星分翼轸，地接衡庐。"滕王阁在江西，属于西南方向，故而是南方朱雀七宿里的翼宿、轸宿之所在。这是古人的方位观。

古人为什么对天文研究这么深呢？古代没有手机，也没有电灯和电视，漫漫长夜，披着兽皮跳舞的人们在酒精的催化下沉沉睡去，东倒西歪，旺盛的篝火渐渐熄灭。那些失眠的人能做什么呢？只能抬头望向夜空中仅存的光亮。渐渐地，古人发现天上的星宿是在有规律地运转。

"星宿起源说"认为，龙指的是天上的星象，即东方的苍龙七宿。

但"星宿起源说"的问题在于因果倒置——应该先有龙的形象，再附会到星宿上，而不是先有苍龙七宿，再去佐证龙的存在。这是"星宿起源说"的疑点。

"坠龙"

关于龙的来历和起源，不仅有蛇、鳄鱼、图腾、星宿等说法，甚至还有猪、马、蜥蜴、蚕宝宝、娃娃鱼的说法。有没有一种可能，龙是真实存在过但已经灭绝的一种动物呢？从中国人开始拿笔写日记开始，龙就是历史记载中的常客，留下了太多直到今天也难以解释且相似性颇高的"坠龙"事件。

"汉元和元年，大雨，有一青龙堕于宫中。"

"元嘉十三年……有青龙腾跃凌云，久而后灭。"

"后周建德五年，黑龙坠于亳州而死。"

"万历三十三年……冬十二月，龙见丰城田中。"（《龙：一种未明的动物》）

据马小星先生统计，从汉高帝五年到隋仁寿四年，这八百多年里面，关于见到龙的记载达到了一百零八次。说到这里，我不得不重新审视"叶公好龙"这个成语，有没有可能，叶公真见到龙了呢？

许多资料记载，当龙出现时，大家会奔走相告，围观的人群水泄不通。"坠龙"的形象也具有统一性：长着牛角，长如蛇的身体，四条腿，有鳞。龙一般在大雨前后出现，从天而坠，腥臭难闻。等到下一次大雨，再乘风而去，或者在那之前脱水而死。

我小时候看过一个纪录片，讲的是"营川坠龙事件"。这是距今最近的坠龙事件，相传有很多人亲眼看见，造成了巨大的社会讨论。事情发生于1934年，龙被发现时已经奄奄一息，有无数人坐火车前去观看，新闻也做了同步报道。但最终纪录片给出的结论是：这个所谓的龙是由鲸鱼骨拼凑出来的。

生物意义上的龙到底存在与否，至今无法得出确凿的答案，但有一点我很认同——"龙只是想象中的动物，古代没有人见过龙"这个论点，是站不住脚的。

在古人的话语体系里，凡是叫不上名的、解释不清的、以讹传讹的、牵强附会的，都能往"龙"这个形象里装。甚至近代以来的专家学者，也习惯把考古发掘中各种叫不上名字的史前纹饰，统称为"龙纹"。这在一定程度上造成了我们对"龙"形象的认知混淆。但在层层迷雾背后，我相信有一个最初的答案。

关于龙的起源我们先说到这，接下来我们聊一聊中国龙形象的变迁。

龙与中国文化

"古老的东方有一条龙，它的名字就叫中国，古老的东方有一群人，他们全都是龙的传人。"1988 年，《龙的传人》登上央视春晚。这首歌与中国改革开放、经济腾飞带来的信心所契合，一夜之间火遍大江南北。

"龙的传人"成为全体中国人的标签和共识，到今天不到 40 年。在此之前，龙对于我们这个古老的民族意味着什么呢？

不论是《山海经》还是《楚辞》，抑或《史记》中对三皇五帝的记载，都提到过龙的一个主要功能，那就是座驾。

太史公司马迁说过，"天用莫如龙，地用莫如马"（《史记·平准书》）。如果将马比喻成高铁的话，那么龙就是飞机，它们都是古人重要的出行工具，所以黄帝最后骑龙飞走了，颛顼"乘龙而至四海"（《大戴礼记·五帝德》），帝喾也"春夏乘龙，秋冬乘马"（《大戴礼记·五帝德》）。

对于君王来说，龙是能通达上天的工具。真龙天子的含义，不是指龙的儿子，而是指能驾驭真龙的人。

不仅君王爱乘龙，《山海经》里的神，也是动不动就"乘两龙"——"南方祝融，兽身人面，乘两龙""东方句芒，鸟身人面，乘两龙""西方蓐收，左耳有蛇，乘两龙"。这就相当于现代人玩车，至少得四驱。所以到了汉朝，黄老之学兴盛，学仙求道者最终飞升上天的重要工具，就是龙。

但值得注意的是，皇家对龙的态度从来不是崇拜的，而是奴役性质的。而民间对龙的敬仰多源于间接对皇权的崇拜。

在元明时代，西方人都向往神秘的东方。对于未知，总要有一个标签来概括。那些来过中国的西方人，回去会说：中国人衣服上都是龙，建筑和日常用具也是龙。久而久之，欧洲人就会觉得，龙之于中国，就如同鹰之于罗马。

象征国家的动物、国旗，本质上是地缘政治的产物，属于地域概念、空间概念，用来区分国与国的不同。可中国古代的读书人，心中没有"国家"这个概念，只有"天下"。"普天之下，莫非王土，率土之滨，莫非王臣。"(《诗经·北山》)"我"居天下之正中，剩下的都是四夷。

至于"我"是唐朝人、宋朝人、明朝人，这仅仅是时间概念，并不体现今天的国家概念。对国家认同的产生得到近代梁启超等人引发的思想启蒙。

虽然南宋以来存在一定程度上的地缘政治格局，但跟今天还是有所区别。古代读书人在这种观念下，是不会诞生一个对外的物化形象的。那时候西方人用龙来代指中国，也是带着崇拜的心理，并没有其他的恶意。

直到变数降临，就是李鸿章所说的"数千年来未有之变局"。乾隆致信外邦口中的"我天朝"，变成了慈禧对外宣战时的"我大清"，地位骤然一降，天下格局打破。鸦片战争之后，中国成为整个西方妖魔化的对象。龙和小脚、辫子、烟枪等词汇一起，成为落后和愚昧的象征。

大清国被迫融入世界，于是有了大清的第一面国旗：长方形的"黄底蓝龙戏红珠"旗，即黄龙旗。黄龙旗成为大清国的象征，龙也开始从专属于君王的阶级象征，向地缘格局下的国家象征过渡。可这并不能视作全体中国人的象征。

受西方影响，近代进步青年皆以黄龙旗背后所代表的大清国为耻，龙也成了落后的象征。直到辛亥革命一声炮响，昭告国人：谁也不准跪！没有皇上了，没有所谓真龙天子了！龙形象的这一次垮塌，一直等到几十年后《龙的传人》这首歌响彻大江南北之时，才被再次唤醒。

而龙与中国形象之间的话题讨论，已经是21世纪初的事情了。只不过，此时的龙，成了中国扬帆向前的象征。它在向世界昭示：那条曾经的东方巨龙，正在以前所未有的姿态回归。

历代国号背后

从古至今，中国人给自己起名都十分讲究，那国号则更要费尽心思，力求内涵与美感皆备了。从夏商周一直到新中国，历朝历代的几十个国号到底是怎么来的？这一篇，我们就来讲讲国号背后的故事。

夏：大而雅

《中国历史朝代歌》从夏朝开始。禹是夏朝的开国之君，而禹的儿子启开启了继承模式，由"公天下"变成"家天下"。从夏启到夏桀，共十六任君王。作为第一个朝代，它的国号为什么叫"夏"呢？

这是甲骨文卜辞上的一个字，是一只蝉的造型。郭沫若等学者认为，这是"夏"字。蝉就是知了，它们化蛹、羽化，在古人心中是一种很神秘的昆虫。秦汉一些有权势的人，在去世下葬的时候，家人会在他们的口中塞进一个玉蝉，就是希望他们能像蝉一样复活和永生。蝉在夏天出现，与夏的关系密切。"夏"字因"蝉"而生，这是关于"夏"字起源的一种说法。

"夏"字的甲骨文

在《左传》里，季札听到秦国的诗歌，夸其为夏声。夏声就是雅乐、正音的意思。除此之外，夏还有"大"的意思，古代将高大的建筑物称为"夏"。

作为第一个国号，"夏"在今天也是一个大而雅的字，为后世国号的命名奠定了标准。

天命玄鸟，降而生商

夏之后，商来了。商朝有时也被叫作殷商。目前的主流观点认为："商"是国号，"殷"是别号。商王朝自称为"商"，外邦则称商为"殷"或"殷商"。

宋朝以前，人们普遍称商朝为"殷"，这应该是受了孔子和司马迁的影响——孔子自称是殷人后裔，司马迁在《史记》里写的也是《殷本纪》。宋朝以后，就普遍把书里的"殷"改成"商"了。这是因为宋朝的开国皇帝赵匡胤的父亲叫赵弘殷，要避讳。这个称法一直延续到今天。

按照中国"名从主人"的说法，称"商"是最恰当的。商朝存在着凤鸟崇拜，"天命玄鸟，降而生商"（《诗经·玄鸟》），相传这是商部落的起源。

"凤"字的甲骨文

"商"字的甲骨文，上半部分是鸟冠，下半部分像一个祭台。这个祭台，更贴切的说法是一个"磬"的架子。上面是崇拜的凤鸟，下面是举行仪式时敲击的磬，"商"这个字就是一幅商朝人祭拜仪式的图像。对崇拜和仪式的具象化，成了商王朝的国号。

"商"字的甲骨文　　　　　编磬

周农耕

周的国名是怎么来的呢？司马迁没提这事。《史记·周本纪》里只记载："周后稷，名弃。"周的先祖是后稷，名字叫弃。后人认为，周部落发展到周文王姬昌的爷爷时，迁居到了岐山之下。岐山就是周原，故而国号叫"周"。

这种说法之前普遍流行，但它靠谱吗？

甲骨文的"周"，是个田野的"田"字，田里的四个点代表田野里的禾苗。"周"这个字，就是田野禾苗，农业种地。我们民族的农业之神，正是周的先祖——后稷。"后"是君王的意思，"稷"是五谷之一的小米。周的先祖培育、普及了这种粮食，所以尊称他为后稷。用今天的话来讲，后稷就是小米大王或小米之神。

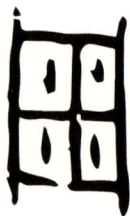

"周"字的甲骨文

后来，人们将掌管土地的"社神"与主管粮食的"稷神"并列祭祀。有地有粮，才能有国有家，所以国家也叫社稷。

根据甲骨文字形可以看出，周从部落发展到国家，一直以农业为本。周的历史，是一段面朝黄土背朝天，垦荒种植的历史。最终厚积薄发，以小邦"周"取代大邑"商"。

秦牧马

周之后，来到了中国历史上第一个大一统的封建王朝——秦。《说文解字》将"秦"这个字放在禾部，既说秦是"伯益之后所封国，地宜禾"，也说秦是"禾名"。禾，就是谷类植物。

甲骨文的"秦"，体现的是人收获作物的景象。上面是一双手，下面是好几个禾苗的禾——如今考证是猫尾草。猫尾草是一种牧草，往往用作马的口粮。要想把马养得好，饲料一定少不了，这是秦人的发家之道。所以，这种牧草成了秦人引以为豪的图腾象征，乃至国号。

"秦"字的甲骨文

汉：银河帝国

周农耕，秦牧马，接下来是大汉。

汉朝的建立者是刘邦。秦朝末年，各路诸侯反秦，楚怀王与大家约定"先入关者王之"（《史记·高祖本纪》）。结果刘邦入关中了，却被项羽分封到了汉中，封为汉王——汉朝的"汉"，就源于这个封号。

汉中是汉水流经之地。在西周以前，"汉"字只用来称呼天上的银河。后来，人们发现有条河的走向和天上的银河是一样的，就把这条河称为汉水。天上有天汉，地上也得有汉水，天地对应。

当年，刘邦被封到汉中当汉王，心里骂骂咧咧的时候，萧何曾劝他说："语曰天汉，其称甚美。"（《汉书·萧何传》）今天我们多数人是汉族，也可以认为是银河之族。大汉帝国就是银河帝国，这才是我们这个民族的眼界。

复古的新朝

两汉之间，夹了一个王莽建立的新朝。"新"这个国号放在整个华夏史上也是独树一帜的，象征着取代旧的朝代制度，建立一个新政权。只不过，名为新朝，实为复古。

王莽刚开始做官的时候，被封为新都侯。新都是地名，就是现在的南阳新野。后来，王莽一步步晋升为安汉公，称"假皇帝"，最后代汉自立。可以说，新都侯是王莽逆袭人生的起点，故而以"新都"这个地名为国号。

不可否认，王莽很看重"新"的字面意思，在用"新"起名、改名这件事上，从古至今没有比他更痴狂的了——年号要用"始建国"这样的，封的各种公也是安新公、嘉新公、隆新公等，主打一个万象更新。但没"新"多久，"人心思汉"了，于是新朝一朝而亡。

三国两晋南北朝

三国时期，国号众多。

曹魏政权的"魏"，一方面是因为曹操定居的邺城是汉朝的魏郡治所；另一方面与谶语有关，"代汉者，当涂高"。"涂高"，就是道路上高耸的建筑物。哪个字能表示巍峨高耸的意思呢？魏。所以"代汉者，当涂高"的释义是：取代汉朝的，应当是魏。曹操封魏公，可能与此有关。

吴国就简单了。孙权所处的江东之地本是先秦时期的吴国，所以把国号定为"吴"。

蜀汉也不必说，国号仍旧是汉，"蜀"是为了与两汉政权做区分而加上的。中央电视台制作的电视剧《三国演义》片头曲里，士兵高举"蜀"字大旗，应该是为了贴合大众心中魏、蜀、吴三分天下的认知。其他大场面，旗帜上的字还是汉。

三国归晋，司马家的国号叫"晋"，因为其封地是先秦时期晋国的范围，大概在今天的山西地区。晋国后来被韩、赵、魏三家给瓜分了，战国时代也由此开启。

南北朝时期的国名实在是太多了，这期间没有形成统一的中央王朝，且名字重复度太高：有五凉、四燕、三秦、两赵、一胡夏、一成汉。除了带有地域性质的国号，其他都是沿袭前面使用过的国号，如夏、秦、汉。

南朝的宋、齐、梁、陈也普遍化用封地地名为国名。不过最后的"陈"是个特例。从字面上看，陈朝国号"陈"，皇帝也姓"陈"，皇姓与国号是一样的——这在中国历史上是独一份。但这个"陈"字，也来源于封地"陈留郡"和开国皇帝的官职。陈武帝陈霸先被封为陈公，后来，"陈"才成为国号。

还有北朝。北魏的前身是拓跋部建立的代国，按理说国号为"代"最为合适。但人家虽然是鲜卑族，却有恢复汉魏的理想，故而立国号为"魏"。

那后来接续北魏的北齐和北周呢？

北齐王朝的奠基人高欢自认是"渤海高氏"，渤海是先秦时期的齐国，故而国号为"齐"。北周的宇文氏也是鲜卑族，而且更加疯狂，直接追根溯源，上承三代，"郁郁乎文哉！吾从周"（《论语·八佾》），直接立国号为"周"。

这些行为，本质上都是为了强调自身政权的正统性。

隋唐本是一代人

隋朝的"隋"，其实应该写作"随"，也就是今天的湖北随州。隋文帝杨坚的父亲杨忠，北周时获封随国公。后来，杨坚晋爵随王，最后取代北周，立国号为隋。

为何不用"随"呢？杨坚觉得"随"字中间有个"走"字，怕自己的王朝会像之前那些走马灯政权一样短暂，于是将"走"字去掉。即便如此，隋朝的历史也还是很短。隋、唐两家其实都是一代人，都是北周的臣子。

杨坚他们家封的是随国公，所以国号叫"隋"。李渊他们家封的是唐国公，所以国号叫"唐"。

之所以封的是唐国公，要按李家的出身籍贯来看。不论他是赵郡李氏还是陇西李氏，这片地方历史上曾出现过的国家无非秦国、魏国、中山国、赵国、晋国，以及传说中上古时期尧建立的唐国。按当时的情况，"中山"这种两个字不能作为国号，"魏"已经是前面北魏的国号了，秦、赵、晋已经封给了其他人：秦郡公宇文直、晋国公宇文护、赵国公李弼，只剩下一个唐。

　　尧、舜、禹的"尧"，在古代被称为陶唐氏，也叫唐尧。"尧"字的甲骨文，是一个人顶着制陶的土坯去烧制的形象。尧的繁体字"堯"上面也还是三个土，下面是个跪着的人。说明尧是一个在制陶技术上有特殊成就的祖先首领。

　　因此，唐朝开国皇帝李渊用"唐"作为国号，李渊的谥号也从"太武皇帝"改为"神尧皇帝"。

"尧"字的甲骨文

辽、金、西夏、宋

五代十国"朱李石刘郭，梁唐晋汉周"。唐、晋、汉、周前面都说了，这里说说"梁"。

梁太祖朱温定国号为"梁"，是因为他当过宣武军节度使，治所在汴州，也就是今天的河南开封，是古代的大梁城。后来，朱温晋封梁王，就定了国号"梁"。其余就更不必说了，大部分都是以地域旧称来命名。

接下来主要讲讲辽、金、西夏、宋这几个政权。

辽是契丹人建立的。"契丹"的意思是一种坚硬的铁，契丹人擅长锻造这种铁，因此用"契丹"来命名自己的族群。值得注意的是，契丹对内的国号一直用"契丹"，国与族同名，方便加强凝聚力。后来因为北方汉人的加入和外交的需要，才取了跟汉文明类似的国号"辽"。

"辽"取自辽水。辽河流域是契丹民族的发迹之地。因为契丹在北方的强大，北亚、西亚地区的国家对东亚这片土地的认知就是契丹。直到今天，俄罗斯和中亚等地依旧称呼中国为契丹。

党项人李元昊建立了西夏。他的祖先在唐朝平定黄巢有功，被赐姓李，又因其封地在夏州，被封为夏国公。党项人的活动范围在大宋的西边，所以后世称为"西夏"。同契丹一样，西夏也有自己的国号，音译为"邦泥定"，邦泥定国，翻译为汉语就是白上国，也叫大白高国——这才是李元昊自己定的正式国号。

女真人建立的金国呢？"辽"发源于辽河，"金"则发源于"金河"，也就是今天松花江支流阿什河，也叫按出虎水，是女真语"金"的意思。

金国是女真人摆脱了辽国契丹人的统治才得以自立的国家。"契丹"义为镔铁，铁易生锈、腐烂。金不锈不烂，比铁强太多了，所以女真定国号为"金"。其实，不论是"金"还是"辽"，都受到了汉文化的影响。

宋太祖赵匡胤终结了五代乱世，黄袍加身，建立新政权，定国号为"宋"。

在宋朝之前，华夏大地武将的荷尔蒙已经爆棚了几百年，有太多血雨腥风和惨绝人寰的纷争。这一切被赵家人硬生生压下去了，代价就是重文抑武，被邻居小国欺负。但不断完善的职官制度，让内部篡权和大臣谋逆的问题基本得到了解决。

赵家人的国号，跟此前的五代有点像，都是以节度使治下的地名为国号。赵匡胤此前在宋州担任归德军节度使，所以国号就是"宋"。宋州就是周朝分封的宋国，宋国生活的是商朝的遗民，可以认为是商朝人的延续。而宋州的位置，就是今天河南商丘。你看，今天还叫商。

元明清：总之要大

大元之前是蒙古帝国的汗国，二者是主从关系。后来，老辈人没了，后代分家过日子，分成了大元与另外四大汗国。这就是忽必烈建立的大元的由来。

此前的中原王朝，虽然习惯了叫大汉、大秦，其实国号都是一个字：秦、汉、隋、唐。元朝没有沿袭过去的称呼，开始自创——国号不叫"元"，而叫"大元"，取自《易经》的"大哉乾元"。

之前大元也用过其他汉文国号，比如：大蒙古国、蒙古大朝。从大蒙古国到蒙古大朝，再到大元，能明显看出元政权在向汉文化靠拢。

"大哉乾元"是大的意思，元也是大的意思——总之就是要大。

这种"大"字思维，深刻影响了后来的明清。所以大字头的国号，除了"大元"，还有"大明"和"大清"。

朱元璋驱除鞑虏，定都应天，立国大明，建元洪武。

明朝的国号明显受元朝影响，走上了创造的路线。之前有说法认为，明朝的国号来自明教。《倚天屠龙记》里就杜撰了明教弟子朱元璋，但更贴切的来源应该是白莲教。白莲教宣扬阿弥陀佛出世，阿弥陀佛是诸佛光明之王，也就是明王。朱元璋的大明就是从这儿沿袭下来的。

另外还有一层含义，大元起名的依据是《易经》里的"大哉乾元"，再之后是"大明终始"。意思就是，大明取代大元，那是上天注定啊。朱重八改名叫朱元璋，也是这个逻辑，取一个"诛灭元朝"的谐音。而且"明"这个字，日月双合，又有"日月重开大宋天"的含义。总的来说，大明这个国号起得不错。

女真人努尔哈赤建立了新政权，因为觉得自己是金人的后裔，所以想定国号为"金"。

努尔哈赤看了一些书，知道历史上的朝代有唐、汉、周，也有后唐、后汉、后周。但是，这个"后"字，其实是后世的史学家为了区分前后而加上的备注，当时是没这个字的。努尔哈赤没搞清楚，就将完颜阿骨打建立的金朝尊称为"先金"，自己作为继任者，立国号为"后金"。

现在也出现了别的说法：努尔哈赤定的国号就是"大金"或"金"。他自创了姓氏"爱新觉罗"。"爱新"是金的意思，"觉罗"是族，加起来是金族。后来，皇太极将国号由"金"改为"大清"，把族名"女真"也改了，叫满洲。

这种名称上去民族化的做法，也是为了能更好地吸纳汉人群体。取名大清，则有压制大明的意思——大明是日月，日月在天上，而大清是青天啊。这就是清朝的国号来历。

从民国到新中国

1912 年 1 月 1 日，孙中山先生于南京就任临时大总统，中华民国成立。

章太炎先生还写过一篇《中华民国解》，解释为什么叫中华民国。以"汉"来命族，以"华"来命国，帝王之国一去不复返，接下来是人民之国，故而叫中华民国。按孙中山先生的话来说，民国不同于以往天下社稷于一家的中华帝国，"民国是以四万万人为主"。

不过，中华民国没能承担起中华民族复兴的大任，"革命尚未成功，同志仍须努力"，带领中华民族奋起的重担，交到了中国共产党人的手上。

工农武装割据时，中国共产党建立了第一个政权"中华苏维埃共和国"。"苏维埃"是"代表会议"的意思，这一名称代表了中国共产党人以苏联为榜样，建设社会主义共和国的目标。

1937 年，面对日军侵华，国共两党集中力量，一致对外，结成抗日民族统一战线，中华苏维埃共和国于 1937 年 9 月 22 日正式取消。后来抗战结束，国民党反动派悍然发动内战，经过三年解放战争，新中国成立在即。

起先大家提出，建立"中华人民民主共和国"，后经过商讨，"民主"与"共和"同义，"人民"与"民主"也显得重复，最后决定用"共和国"代表国体，"人民"代表各阶级，实行"人民民主专政"。

1949 年 10 月 1 日，毛泽东主席在天安门城楼庄严宣告，中华人民共和国中央人民政府正式成立。"四万万七千五百万中国人民开始自己当权管理国家"，我们这个古老的东方民族揭开了新的历史篇章。

姓氏：我们不一样

上古八姓

我们每个人都有名有姓。姓氏这东西，往小了说，是代号、称呼；往大了说，是文明的血缘纽带，是身份认同，是"家国天下"里"家"的核心。

部落时期的社会处于群婚时代，人们只知母而不知父，因而在史书里记载的都是女性祖先，而且对这些部落首领的出生起源常常以神迹相托，比如：炎帝的母亲被神龙绕身，生了炎帝；黄帝的母亲看见雷电围绕北斗七星，生了黄帝；简狄吞了燕子蛋，生出商的始祖契；姜嫄踩了熊脚印，生了周的先祖弃，也就是后来的后稷。

姓在这时出现，本质上是部落的族徽或图腾，用来表示"我这块地盘跟别人不一样"。这么做很重要的一个目的是避免近亲结婚。古人早就知道近亲结婚不利于后代健康，正所谓"男女同姓，其生不蕃"（《左传·僖公二十三年》）。

于是，就有了最早的上古八姓，也可以理解为八个部落——姬、姜、姒（sì）、嬴、妘（yún）、妫（guī）、姚、姞（jí）。同姓代表我们有共同的祖宗，不能族内通婚。

随着社会生产力的发展，有实力的部落就会扩大，开枝散叶成很多新部落。每个部落都是一个姓，交流起来难免出问题——你也叫老姜，我也叫老姜，不好区分啊！这时就需要有一个别名，这就是"氏"。

比如，甲部落姓姜，喜欢种地，为了土壤肥沃经常把山上的树烧了来开荒，那就叫姜姓烈山氏；乙部落姓姬，挺能打，部落图腾上有个熊，那就叫姬姓有熊氏。

这个姬姓有熊氏出了个大人物，带着一群熊、罴、貔貅、䝙、虎，联合姜姓烈山氏击败了东边的蚩尤。熊、罴、貔貅、䝙、虎，其实是不同氏族的部落图腾。后来，姬姓这位称黄帝，姜姓这位称炎帝，其后世子孙就叫炎黄子孙。

说白了，姓是氏的源头，氏是姓的分支。

胙土命氏

姬姓部落联合姜姓部落，建立了最早的华夏版图，后来

144

又联合起来推翻了商王朝的统治，建立了分封制的周朝。

周朝刚建立，就迎来了氏的大爆发。

周朝奉行的是嫡长子继承制。周天子为大宗，本身不存在氏这种说法，天子就是姬姓。周天子的同宗兄弟们分封成各地的诸侯，是为小宗。诸侯们在自己的封国，纷纷以地名、国名为氏。同为姬姓的诸侯封国有鲁国、郑国、晋国、卫国等，这些诸侯国形成了 40 个新的氏族。而这些诸侯的子孙后代也会继续分封，于是延伸出了更多的姓氏。嫡长子继承天子之位和姓，其他儿子到各地分封称氏，开枝散叶，就是所谓的"别子为祖，继别为宗"（《礼记·大传》），合称为祖宗。

发展到此，我们可以看出，姓和氏是有不同职能的。

姓，本质是生命观念，体现你的来处；氏，本质是生存观念，体现出你是谁。

姓无法改变，但氏就不一定了，可能会随着封国、职业的改变而改变。比如我们熟悉的商鞅，其实他姓姬，是卫国宗室后代，叫卫鞅。又因为他是国君的孙子，因此也是公孙氏、公孙鞅。后来，秦孝公将商邑赐给卫鞅做封地，所以卫鞅又叫商鞅。

正因为姓和氏的职能不同，在先秦时期，"男子称氏，女子称姓"是一种普遍现象。

"女子称姓"，是指女子嫁到另一个部落或者国家之后，名字会直接冠以女子本家的姓，一般姓在后，名在前，比如：庄姜、文姜、孟姜、齐姜。再比如：赵姬、秦姬、孔姬、昭姬。

所以，先秦时期那些叫"某姬"的女性，是姓姬，跟后世的姬妾不是一个意思。而姓前面的那个字，有的是自己本家的国名，有的是丈夫的氏，也有的是谥号。比如褒姒，是褒国人，姓姒。刚才提到的上古八姓里就有姒姓。再比如妲己，姓己。己姓也是非常古老的姓。

除了像诸侯一样以国名为氏的，还有以官职为氏的，如司马、司徒、司寇等；以六世祖的字为氏的，如孔子的孔；以技艺为氏的，如巫、陶、甄等；以地名为氏的，如东郭、南宫、百里等。这些都是氏的来源。

姓、氏合流

别说现代人弄不清楚先秦古人的姓氏称呼，其实汉朝人就弄不清楚了。原因在于秦汉时期的姓、氏合流。

从西周开国的八百诸侯，到最后淘汰成战国七雄。那么多大大小小的诸侯和王公贵族，要么灭国，要么失邑，坠命亡氏，成为庶民。与此同时，不断有平民阶层通过才华或军功跻身大国角逐的舞台，登坛拜相、裂土封侯，成为新兴贵族。

在社会阶层迅速变换流动的过程中，很难再用氏来区分贵贱了，氏便丧失了原有的功能。

姓也逐渐丧失了"别其婚姻"的功能属性。因为经过世世代代的繁衍，像姬姓、姜姓这些古姓的后代分支不断扩大，血缘关系已经稀薄到可以忽略不计，同姓不婚的礼仪约束力自然就越来越小了。

郡望门阀

等到秦王朝一统天下，废分封、行郡县，等于彻底葬送了姓氏的发展土壤。

你想啊，都没有封地了，何来"胙土称氏"呢？管你是姬姓、姜姓、吕氏、赵氏，都得去砌长城。没过几年，六国旧贵族揭竿而起，推翻了秦王朝的暴政。但随着项羽乌江自刎，刘邦一统天下后，六国贵族也不顶用了，"非刘氏而王者，天下共击之"（《汉书·张陈王周传》）。

人多势众的齐国田氏，被迫迁往关中，分为了八门八氏，就是把这些人分成了八家，分别叫第一、第二、第三，一直排到第八。《百家姓》里就有"第五"这个姓。汉代有个司空叫第五伦，唐代还有个宰相叫第五琦。

虽说在秦汉时期，姓和氏合二为一，不再区分，但社会阶级依然存在。

那么，贵族如何彰显自己的身份呢？郡望就应运而生了——某个姓氏世居某地某郡，声名显赫，为当地人所仰望，就称之为郡望，也叫地望。

与郡望相辅相成的是门阀制度。门，指的是门第、家世；阀，指的是达官显贵家门口的那两个柱子：左边叫阀，右边叫阅，合称阀阅。门阀，就是代指那些世代为官的名门望族。

郡望从东汉时期开始发端，到刘秀征战天下时，各地世家大族已经在山呼海啸了。这在三国魏晋时期尤为明显。

等到永嘉之乱，衣冠南渡。以王、谢、袁、萧为代表的大族跟着南迁，也就是四大侨姓：琅琊王氏、陈郡谢氏、陈郡袁氏、兰陵萧氏。他们与江南原本的四大吴姓，即顾、陆、朱、张，共同执掌了南朝政局。

而此时的北方，少数民族掌权的北魏发生了一件大事：孝文帝改革。其中一项重要的举措就是鲜卑改汉姓，比如：皇室的拓跋氏改姓为元，独孤氏改姓为刘，侯莫陈氏改姓为陈等。

此时虽然地分南北，但南北同样都是世家大族的主要舞台。

刚才提到了南方的四大侨姓和四大吴姓，北方汉族也有山东的崔、卢、王、李，关中的韦、裴、杨、杜等大姓，这些姓在北方被称为"郡姓"。与之对应的，是以北方少数民族为代表的代北虏姓，如长孙、宇文、元、窦等。

南方的侨姓、吴姓，北方的郡姓、虏姓，构成了当时世家大族的四姓。这些姓，都是在接下来的隋唐大舞台上活跃的主要名人姓氏，正所谓："举秀才、州主簿、郡功曹，非四姓不在选。"（《新唐书·柳冲传》）

隋唐时期虽有了科举，但世家大族的根基依旧不可动摇。最有名的就是所谓的五姓七望：陇西李氏、赵郡李氏、博陵崔氏、清河崔氏、范阳卢氏、荥阳郑氏、太原王氏。由于李姓和崔姓各占两支郡望，所以是五姓七望。

是谁终结了这些世家大族呢？

"内库烧为锦绣灰，天街踏尽公卿骨"（《秦妇吟》），黄巢用实际行动打脸了那些扬言"凭什么我们几代人的努力靠你寒窗苦读十年就妄想超越"的人。准确来说不是打脸，是彻底摧毁。自汉朝起，历经魏、晋、南北朝、隋、唐的门阀制度和门第观念被黄巢彻底终结了。

姓氏的阶级意识垮塌后，郡望世家的阶级意识也被摧毁了。

百千家姓

宋朝以后，郡望称谓依旧在沿袭，但跟宋朝以前已经不是一个量级了。

这时候，我们熟悉的《百家姓》出现，里面收录了几百个姓。为什么第一句是"赵钱孙李"呢？宋朝的皇帝姓赵，吴越王姓钱，所以排在第一、第二。到了明朝，有了《千家姓》，自然就把"朱"排第一位了，开头就是"朱奉天运，富有万方"。如今我们经常听说族谱、家谱，这些大多是宋元之后编纂的。

中国人把历史和谱系记得如此清晰，是因为历史本质上就是一本本的大家谱，从周朝的太史，到秦汉的宗正，这些职官就是负责记录皇家贵族谱系的。

姓氏的作用从最初的区别血缘和指导婚姻，到区分阶级地位，再到彻底平民化，直到今天，似乎祖宗、家族对于个人的影响与束缚越来越小。社会崇尚个体自由，个体的存在也不再仅仅是为了繁衍。随着这个十几亿人口的国家的发展，姓氏在未来又会经历怎样的变迁呢？

名字：时代的注脚

名的来源

谁是第一个取名字的中国人？我们无从得知，但名字肯定是随着人类自我意识的觉醒而诞生的。

名和字是两回事。比如曹操，姓曹，名操，字孟德。如今我们绝大多数都只有名，而无字，直接管名叫名字了。

我们大多数人不光有名，还有小名，古人也是如此：曹操小名叫阿瞒；刘禅小名叫阿斗；司马相如的小名叫犬子，就是狗子；刘裕小名叫寄奴，"斜阳草树，寻常巷陌，人道寄奴曾住"（《永遇乐·京口北固亭怀古》）。

可以看出，不论古今，小名往往都非常粗糙甚至粗鄙。这一方面体现出长辈对子女的亲昵；另一方面，在医疗条件不佳、幼儿夭折率极高的古代社会，父母们严格奉行了"起个贱名好养活"的准则。

呼名禁忌

刚才说的名字都是秦汉以后的。秦汉以前的人，没有大名和小名的严格区分。王公贵族们的名字起得都跟小名似的，非常随意。鲁成公叫"黑肱"，晋成公叫"黑臀"，还有叫"黑肩"的，翻译过来就是黑胳膊、黑屁股、黑肩膀。齐桓公叫小白；郑庄公叫寤生——因为他母亲生他的时候难产，他是足位分娩的。

古人对自己的名字有呼名忌讳，不能直呼其名。这是因为，古人对自然科学缺乏认知，他们觉得名字、称号与物质实体之间存在某种羁绊或联系，比如：在小人偶身上写上名字，用针扎它，叫这个名字的人就会受到相应的伤害。

《封神演义》里的张桂芳会"呼名落马"，他在阵前大呼："黄飞虎不下马更待何时！"说罢，武成王黄飞虎就咣叽一声掉下来了。还有《西游记》里的名场面，银角大王拿个葫芦头，对孙悟空说："我叫你一声，你敢应么？"这些都是呼名禁忌的体现。

字的出现

既然对名如此讳莫如深，那总得有个称号用来自称或互称吧。于是，字出现了。字用来表述名，也称表字。

《礼记·曲礼》上讲"男子二十冠而字"，到了二十岁，男子要把头发束起来戴冠，同时要取字。戴了冠、有了字，就算成年了，是男子汉了。

贵族女子小时候也会有一个小名，等到十五岁，"笄而字"——笄（jī）是簪子，用来把头发绾住，再取一个字。因而后世有个成语，管未出嫁的姑娘叫"待字闺中"。

最初只有贵族才有名和字。平民出身的刘邦，最开始叫刘季。他大哥叫刘伯，二哥叫刘仲，而伯、仲、叔、季是古人的排行。刘季相当于刘小、刘老幺。这能叫正经名字吗？而且他父亲叫刘太公，他母亲叫刘媪，翻译过来就是刘大爷、刘大妈。这实在是让史官为难。

那么，从夏商周到今天，名字在这三千余年的不同时代都有什么风格和差异呢？

商周王名

以我们今天的视角看商朝君王的名字，肯定是一头雾水：天乙、外丙、太甲、小甲、太庚、帝辛。有人会问，亡国之君商纣王呢？其实"纣"是给他的谥号，纣王姓子，名受，史书上称其为帝辛。为什么叫帝辛呢？因为商朝是按出生日期的天干来起名的，即"日名法"。

古代"干支纪年法"，分为十天干和十二地支。十天干就是：甲乙丙丁戊，己庚辛壬癸。十二地支就是十二生肖前面那个字：子丑寅卯，辰巳午未，申酉戌亥。

殷商的日名法是这样使用的：每月三十天，每十天分别用十天干来标记，一个月轮三回。哪天出生就叫什么天干，总共十个字。但这样的重名率太高，于是就在前面加一个字用来区分，如祖、帝等。

日名法到底是以出生日期还是死亡日期，抑或下葬日期来命名？它类似后来的字还是庙号？这些问题目前都还存在争议。你只要记得商朝尤其中后期，是采用日名法命名就行了。

西周人起名大多是单字，我们以周天子家为例。

《史记》记载，武王的同母兄弟有十个，也就是周文王的儿子们，"其长子曰伯邑考，次曰武王发，次曰管叔鲜，次曰周公旦，次曰蔡叔度。"古代的男子，一般是称氏不称姓，如果非按今天的姓加名，则分别是姬发、姬鲜、姬旦、姬度。称呼的第一个字应当是封国，如管、周、蔡，武王是周天子，所以直接就是武王发。

唯独伯邑考是个例外。

"伯"是老大的意思，"考"是对其早逝的尊敬。长兄如父，这里的考与"如丧考妣"的"考"同义。伯邑考死得早，没有封地，所以名字上没标。按今天名字的叫法，伯邑考应该叫姬邑，"邑"也是尊称。

到了春秋战国时期，人物起名还是很朴素的，有种说法叫"近取诸身，远取诸物"（《周易·系辞》）。远取诸物，如鞅、轲、杵臼——鞅就是套马的带子，轲是一种车，杵臼就是春捣粮食或药物等的工具。近取诸身，前面我们说了，比较夸张的就像黑肱、黑臀、黑肩这种名字。

两汉新风尚

到了汉朝，名字就瞬间一派新风尚了。

西汉文治武功，汉武帝开疆拓土，人们起名也充满着对武力和功名的追求。很多人的字中，除了表示辈分的伯、仲、叔、季外，都使用公、卿、君、武等字。比如司马相如，字长卿。因为他父母仰慕蔺相如，就给他取名叫司马相如，又因为蔺相如是赵国上卿，所以取字长卿。

到了东汉、三国时期，经学兴盛，人们崇尚忠孝道德。过好自己"一亩三分田"的小日子，就已经是很好的追求了。这时候人的名字都有儒家风格，起名时多使用孝、德、文、仁、忠、祖等字。这种做法一直延续到了三国时期。

用我们熟悉的三国人物举例：

德，有刘玄德（刘备）、曹孟德（曹操）；

文，有孔文举（孔融）、孙文台（孙坚）、于文则（于禁）、张文远（张辽）；

祖，有杨德祖（杨修）、陶恭祖（陶谦）。

你可能会有疑问，为什么东汉、三国时的人名普遍一个字呢？这源于两汉之间的王莽改制。王莽建立新朝，以古书提到的"二名非礼也"（《春秋公羊传》）为准则，要求起名只能用单字，不准用双字，这导致东汉到三国期间青史留名的人大部分是单字名。

不仅如此，他还把全国的地名改了个面目全非，周边国家也不能幸免。高句丽凭什么叫高句丽？改叫下句丽。匈奴是奴不假，但凭什么匈（凶）巴巴的？改叫恭奴才对，恭恭敬敬嘛！

魏晋南北朝：宗教影响命名

魏晋南北朝时期玄学兴盛，名字里都带着一种道法之气，如曹冲、曹真、郭象、谢玄、郦道元、檀道济等。

用"之"字取名的，则有王羲之、王献之、顾恺之、祖冲之等。按陈寅恪先生的话说，名字上带"之"，应该与当时信奉的天师道（五斗米教）有关，这相当于个人信奉天师道的一个标记。

南朝政权地区佛教兴盛，很多人用佛教三宝"佛、法、僧"来命名，如王僧辩、沈僧荣、孙法宗、陆法真等。

北朝的姓氏与名字的组合，很多在今天看来都让人眼前一亮，如杨大眼、皮豹子、薛虎子。而且由于北朝多是少数民族姓氏，这一时期的名字在历史上可谓是独树一帜。比如：宇文泰，字黑獭；高欢，字贺六浑，都是胡名。

而隋唐两朝的先祖都在北朝为官，自然也被赐过胡姓，有过胡名。比如：杨坚的鲜卑姓氏是"普六茹"，李唐家的鲜卑姓氏则是"大野"。

唐：名字里的盛世万象

到了唐朝，南北方文化交融：既有北朝之旷达，又摒弃其粗俗；既有南朝之典雅，又避免其偏狭。从取名上就能看出这种特点。

唐朝人的名字既集合了汉的儒学之风，如薛仁贵、李敬业，又有南北朝的佛道之风，如牛僧孺、李敬玄、陈玄礼，还有像杜如晦、薛万彻、褚遂良这些名字，一看就充满了大唐盛世的自信。

值得一提的是，唐朝不论男女，都喜欢用家族排行来称呼彼此，这种称呼方法叫作"行第"。

很多诗名里就有体现，比如：《赠卫八处士》《早春呈水部张十八员外》《送元二使安西》等等。我们熟悉的李白叫李十二，杜甫叫杜二，岑参叫岑二十七。高适比较特别，叫高三十五。不过唐朝人的行第不是以同父兄弟为排行，而是一个大家族内一起排。

五代时期，是中国历史上又一个大乱世。这个时期人名的显著特点是经常使用彦、守、继、承、重等字。这些名字普遍是由一个带有继承、弘扬意味的字，再加上一个与品德相关的字组成，有一股浓浓的晚唐五代节度使味。但在如此光宗耀祖的名字背后，却依旧有不少龌龊之辈出现。

名字定义不了一个人的德行，德行却往往会败坏一个好名字。

宋元：名字里的真实人生

宋朝，人们开始注重家谱的修撰。孔子的家谱就是从宋朝开始编纂的。唐、宋平民家的小名在敦煌文书中就能看到，普遍还是各种狗狗、各种粪堆：张狗狗、李粪堆，把粗陋用到极致。而宋朝女子起名比较喜欢用叠字，如李师师，这跟我们今天很接近。

在《靖康稗史》一书中，有靖康之耻的全记录。那些在历史上本不会留名的女性们，却通过一张张向金军抵债的奴隶货物名单，展现在今天人们的面前。

当看到金秋月、陈娇子、奚拂拂、莫青莲、卢袅袅、景樱桃、冯宝玉儿等一个个具体的名字时，你会明白，数字不只是数字，是无数段青春、时光与生命；历史也不只是故事，是这片土地上真实的过去。

宋元时期，比较有代表性的是同时期的辽、金、元等政权的人名。

他们的名字或姓大多是音译，风格有点类似北魏时期，有叫猪粪的，也有叫羊蹄的。石抹狗狗、完颜陈和尚、郭虾蟆，这些名字听起来不着调，其实都是相当勇猛的武将，尤其是完颜陈和尚和郭虾蟆，武力值相当于金朝"岳飞"。

明清：文学性与艺术性

到了明清，起名的文学性和艺术性已经到了登峰造极的地步。

读书人家起名取字，有一个基础遵循依据：女《诗经》，男《楚辞》，文《论语》，武《周易》。而明朝的皇帝们则利用五行"金、木、水、火、土"排字辈，贡献了一张元素周期表，硬生生造出许多生僻字。

明朝皇帝给后代们定的辈分，原本是按照太子朱标这一脉走的："允文遵祖训，钦武大君胜。顺道宜逢吉，师良善用晟。"（《皇明祖训》）朱家名字的第二个字用辈分，每一辈都占据五行生克其中一个，所以每代人名的第三个字的偏旁都一样，都是"金、木、水、火、土"之一。

结果到了朱允炆这第一代，被四叔朱棣给截和了。于是大明朝的辈分就遵循了朱棣这一脉："高瞻祁见祐，厚载翊常由。慈和怡伯仲，简靖迪先猷。"（《皇明祖训》）那么等到朱由校、朱由检的"由"时，如果不算后面南明的话，再传两句就得亡国了。

在女真人入主中原之前，他们的名字都是满语，这也是努尔哈赤被叫"野猪皮"的原因。皇太极、多尔衮、福临也都是满族名字。从康熙开始，定了皇族子孙的字辈排名。传到溥仪的时候，已是民国。

今日之名

民国时期，随着新文化运动爆发，名字避讳的习惯随传统文化的糟粕一扫而空。民国政治舞台上的人物其实大部分都生于清朝，故而有表字。等到人民当家作主，人人平等是同志的时候，表字的作用已经名存实亡了。

新中国成立后，出现了一大批极具时代特征的名字。

新中国成立初期，人们给孩子起名建国、建华、援朝、跃进。再往后，常见的名字就是卫东、卫红、永红。等到改革开放，经济腾飞，各种"超、飞、海"字开始变多。20世纪90年代，"帅、浩、凯、娜、美"等字逐渐增多。

随着港台流行文化和后续网络文化的风靡，人们的起名风格又有了很大变化，梓涵、梓萱、皓轩等名字备受青睐。

这些年来，父母双姓再冠名的起名方式也越来越多。

名字是情感的寄托，也是期许的映射，有对新中国的激情、对新浪潮的期待，也有对自己曾经痴迷的文化风潮的怀念。你的名字或许并没有典故，也没有太多的华丽词汇，但都满含上一辈人对你的期许。我们习以为常的"伟、强、玲、美"，其实都是极为凝练且美好的字。

多年以后，人的肉身会消逝，留给后代的仅是一个名字，再往后，连名字也会被遗忘。但我们都曾在这世界上真实地生活过，体验过独一无二的人生。

历代贵族消亡史

在封建社会中，因权力、财产高于其他阶级而形成的上层阶级被称为贵族。但中国历史的演进自有其大势，皇帝都得轮流做，贵族的命运更是一波三折。战乱能催生贵族，也能消灭贵族。从秦朝的商鞅变法，到汉武帝的削藩，再到科举制为底层平民提供了晋升之路，贵族最终在华夏大地成为过去时。

这些贵族当中，有些是传统意义上的贵族，有些只能算是显赫一时的特权阶层。他们的兴衰背后，是底层人民一次又一次的反抗。中国贵族消亡史，让我们从西周开始讲。

诸侯无义战

周朝取代商朝之后，开始推行"分封制"和"宗法制"。

所谓分封制，就是把皇亲国戚、功臣们分到各地待着，拱卫王室。跟着周武王打天下的那帮人获得封地和爵位之后，成了最早的贵族，也叫诸侯。

宗法制是贵族世袭的手段，表现为嫡长子继承制，嫡长子就是正妻生的大儿子。

为什么选择"立长"，而非"立贤"呢？"立长"容易操作，嫡长子只有一个，这是客观事实，而"立贤"则存在诸多不稳定因素。对于一个家族来说，平稳发展是最重要的，争权只会加剧内部消耗，那么嫡长子继承就成了最优解。所以宗法制本质上是一种规则秩序：上祭先祖，下续香火，上下一心，保证族群的繁衍和壮大。

周礼规定，同姓诸侯之间不能灭国，不能无端讨伐无罪的国家。大家本是一家人，没事不要打架，就算打架，也不要下死手。这些规定都是贵族精神的体现。因此，春秋时期的很多战争都像是表演。比如：交战时，碰到对面国君要行礼；阵势没摆好，不能贸然进攻；追逐对方溃军的时候，对方车轮子陷进坑里，还得下车帮对方推车；不攻击重伤的人；不杀老人和小孩。

之所以这么打仗，是因为这个时期的战争，目的是让对方臣服。败方说一句"我服了"，再赔点钱和东西就结束了。大家还可以相安无事地共处。不像后来战国时期的战争，是奔着灭国去的。

宋襄公就是这种贵族精神和仁义之战的代表。

宋军与楚军交战，宋襄公的手下提议，趁楚军在过河的时候，一举击溃楚军。宋襄公说：不可。人家在过河，阵势都没摆好，怎么可以进攻？结果楚军过河之后，把宋军狠狠地收拾了一顿。

毛主席称宋襄公为"蠢猪式的仁义道德"。(《论持久战》)但是以当时的视角来看，比宋襄公战败更可怕的是社会价值体系的崩塌。如果大家都不按常理出牌，开始尔虞我诈，动辄屠杀数万人，那就乱套了。

楚国虽然赢了，可也深受其害。你想想，楚怀王是怎么被秦国耍得团团转，最后客死异国的？

都说秦国如豺狼，可秦国最开始也是老实人。秦穆公当年被晋国三番两次地坑害，都快成受骗专业户了。最后，身处边陲的老实人们心想：既然你们中原人不讲武德，那就让你看看，到底什么叫真正的不讲道德。这就是价值崩塌的连锁反应。

于是，秦朝的帝国战车隆隆启动了，而造车的人就是商鞅。

商鞅认为，想要增强秦国的国力，唯有改革，唯有变法。普通人只要能打，能得军功，就可以封爵领赏。但是这样一来，势必稀释了传统贵族的利益。商鞅最终被车裂于市。秦国正是借助商鞅变法才得以一统六国，而秦国的贵族，只是帝国战车碾过的车辙罢了。

推恩削封国

秦朝历经二世而亡，接盘的贵族们自然就是跟着刘邦打天下的功臣和六国旧贵族，还有刘家的自己人。

功臣和旧贵族多属于异姓诸侯王，没多久就被翦除了。剩下的自家人里面，除了刘家人，还有娘家人，也就是吕后他们家。结果自家的两帮人打了起来，吕后的娘家人被灭，就只剩刘邦自己的叔伯兄弟们了，那么就得削藩，又引发了七国之乱。

这时候，汉武帝登场，颁布了"史上最强阳谋"——推恩令。

原本，各诸侯王的爵位只能由嫡长子继承。汉武帝说：这多不公平啊，非嫡长子也要封列侯。这就让原本的封国一下被分成了许多块。到了下一代继承人，封国又继续被分割。这样一来，各个封国势力就被层层瓦解了，而原本得不到封地的人也得到了封地，皆大欢喜。

紧接着，汉武帝又采取了一项措施——酎金夺爵。

元鼎五年，汉武帝说：咱们刘家要祭天、祭祖，叔叔、伯伯、兄弟、大佬儿们，你们都得交钱赞助，以表诚意。等把酎金都收上来之后，汉武帝派出了职业打假人，以酎金成色不好或斤两不足为借口，挨个夺爵削地，被夺爵者达一百零六人。

自此，汉朝贵族们的威胁就这么被化解了。

汉朝还存在另一个问题——外戚干政。不过，外戚不能算是严格意义上的贵族，因为缺乏延续性。

封建时代的亲戚关系以男系为核心，父亲这边的宗亲，叔、伯、兄、弟，统称为亲；母亲和妻子那边的舅舅、大舅哥、外公，统称为戚。两帮人合称"亲戚"。

汉初的外戚原本就很强大。卫青、霍去病、霍光都是外戚，再往后就是王莽这个"夺权篡位第一人"。因此，西汉算是亡于外戚之手。东汉也就只有前两代吸取了教训，两代之后，仍免不了外戚专权。

皇帝们左看右看，发现自家人和娘家人都不可靠，那还能信谁？只有从小陪伴自己左右的宦官最值得交心了，这又导致了宦官势力的壮大。外戚和宦官之间开始了权力的角逐。

和宦官相争的外戚代表是何进，他靠着自己的妹妹何皇后官拜大将军。可惜的是，何进出身平民，政治水平不高，最终死于宦官之手。由此，汉末的三国乱世开启。

郡望八柱国

经过了两汉外戚的教训，后世引以为戒，进一步遏制了外戚的膨胀。等到魏晋乱世，原本在权力结构下层的"士"开始壮大，发展为士族，士族又形成了魏晋南北朝的门阀。

三国乱世是军阀与士族的天下。《三国演义》里的谋士，一问都是颍川集团出来的。政治权谋的背后，是一个个贵族利益集团的角逐。为什么士族能够驰骋政治舞台？因为这些人不仅有钱，还有书读——知识就是力量。而在纸张没有普及之前，普通老百姓哪有书可看？

知识垄断形成了阶级垄断，士族代代为官，形成了世家门阀。东晋有"王与马，共天下"（《晋书·王敦传》）"旧时王谢堂前燕"（《乌衣巷》）的说法。魏晋南北朝也经常被称为中国的门阀士族时代，国外的汉学者更是把这一时期直接称为"贵族时代"。

混乱的南北朝时期，南方的世家望族继续壮大，北方的军事贵族则形成了所谓的"八柱国"。

最初的八柱国成员，是西魏时期的一帮创业原始股东，即"八柱国十二大将军"。后来那些搅动隋唐天下的大佬们，根都在这里。

八柱国里，有高欢一生的克星——北周奠基人宇文泰，有唐朝开国皇帝李渊的爷爷李虎，有后来瓦岗寨李密的曾祖李弼，有"史上最强老丈人"独孤信。此外，十二大将军里还有隋文帝杨坚的父亲杨忠。以关陇集团为代表的这帮军事贵族，将华夏尚武的属性推向了最高潮。

科举换天地

隋唐时期南北统一，占据历史舞台的是北方的一些世家大族。

唐朝世家大族跟魏晋时期的士族差不多，他们有着长期知识垄断的优势。虽然唐朝一直在通过科举选拔官员，但世家大族深厚的家传依然是底层百姓比不了的，再加上五姓七望在唐朝官员中极高的占比，当时人不由得慨叹："上林新桂年年发，不许平人折一枝。"（《咏史诗·下第》）

但是，世家大族也不是一直这样权势滔天。

历经安史之乱、黄巢起义、朱温篡唐之后，李唐灭亡，世家大族也被屠戮殆尽。在中华历史上半卷的尾声，所谓的贵族群体，迎来了物理性的消亡。唐朝灭亡后，五代军事勋贵又一次开始了轮番争斗。

最后，是宋太祖赵匡胤打扫干净了屋子。科举制在宋代得以进一步落实。

贵族消亡后，以官僚为代表的特权阶层取代了世家贵族，而官僚由科举产生，自此，"万般皆下品，唯有读书高"（《金凤钗》）这句话深深地刻进了中国人的骨子里。

直到这个时候，广大平民阶层才算真的有了晋升的途径和可能。读书做官成了许多人的人生目标，大家都想进体制、拿编制。

科举制和印刷术的推广，使得知识不再像此前一样被垄断。新的晋升路径催生出了士大夫这一官僚阶层，继而衍生出宗族、家族。这种"耕读传家"的宗族范式一直延续到了明清时期，各个家族开始繁衍，私家修谱的行为也开始盛行。我们现在的族谱往上数，估计最早也就到明朝或宋朝。

到了明朝嘉靖年间，百姓也可以立祠堂了。不过有规定，只有出过帝王或曾封侯的家族才能称"家庙"，其他的只能称"宗祠"。我们现在去一些老村镇，也经常能看到各种宗祠。

有了宗族，有了组织，人们就更注意家族的文化教育，出现了各种家训。这是因为，但凡家里出一个做官的人，对整个宗族都有帮助。直到今天，各地修族谱的本质还是同样的目的。

这套宗族机制从宋朝一直延续到了清朝。那明朝和清朝都有哪些特权阶级呢？

藩王与八旗

明朝最具代表性的特权阶级就是藩王，也就是王爷们。

朱元璋分封的时候说："天下之大，必树藩屏。上卫国家，下安生民。今诸子既长，宜各有爵，分镇诸国。"（《明会要》）于是他先后封了二十四个儿子和一个侄孙为藩王。这些藩王拥有很大的自治权力。

据《皇明史窃》上记载，朱元璋告诉他的孙子朱允炆："我把你的叔叔们都放到大明王朝的四境去给你守疆土了，看谁还敢造咱家的反！"

朱允炆问："要是叔叔们造反呢？"

朱元璋一时语塞，反问："你说该怎么办？"

朱允炆说："听话还好，不听话就削他的地，再不听话就换人。"

但朱允炆终究没有汉武帝的本事，上位之后，他就开始火急火燎地削藩，反而把叔叔们逼急了。最终，四叔朱棣上位，他想了想自己是怎么上来的，也开始限制藩王。

朱棣要求藩王们"分封而不赐土，列爵而不临民，食禄而不治事"（《明史·悼怀王》）。说白了，就是减少藩王的军事和财政权力，让他们老实待着即可。同时，朱棣对藩王们还实行了更加严格的监控。

但凡事都有两面性。藩王宗室不事生产，又被限制了行动，作为寄生阶级，他们占据了大量的田产俸禄，成为明朝的巨大负担。最终，"新一代黄巢"闯王李自成来"杀猪放血"了，问题得到解决。

清朝贵族大家就比较熟悉了，就是我们常说的八旗。

八旗其实是一种人口编制：三百个成年男子为一小队，这个小队叫牛录；几个小队组成一个中队，叫甲喇；几个中队组成一个大队，叫固山，汉语译为旗。这样前后共建了八个大队，就是八旗，按颜色分为：正黄、镶黄、正白、镶白、正红、镶红、正蓝、镶蓝。后来人口继续增加，其他民族编入其中，就有了满洲八旗、汉军八旗、蒙古八旗，共二十四旗。

在政权建立初期，八旗是实实在在靠军功拼出来的。八旗不事生产，不种地，不经商，有战争才去打仗。可是当天下太平的时候，八旗的活动又被限制，于是只能提笼遛鸟，斗蛐蛐。等到又一轮农民起义开始的时候，八旗的遭遇就如同当年的明末宗室一般了。

太平天国和辛亥革命都对八旗贵族造成了极大打击。很多满洲人也在此时由满姓改为汉姓，比如慈禧的姓"叶赫那拉"，有改为"那"姓的，也有改为"叶"姓的。

从西周诸侯贵族到世家门阀，再到明藩王、清八旗，古代贵族兴衰起伏。随着新中国成立，贵族的故事也就此落幕。

看懂中国古建筑

在蛮荒的史前时代，人类与猛兽争食，甚至互为食物。为了避免被猛兽吃掉，人类会躲进山洞里藏身，有时候也会爬到树上避险。

久而久之，人类学习穴居动物，制造出了人造洞穴。挖洞穴的方式一般有两种：一种是横穴，沿崖壁陡坡向里挖，类似今天西北窑洞的雏形；另一种是竖穴，从地面直接往下挖坑。可平地挖个大坑，一场雨过后，就成小水潭了。人类就在洞穴上搭了个小棚子，用来遮阳挡雨。

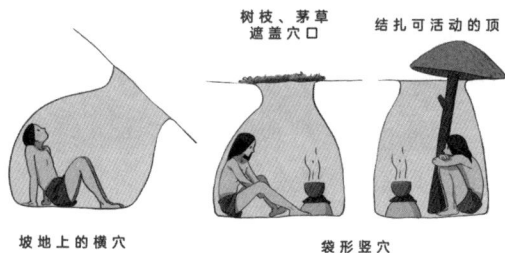

坡地上的横穴　　袋形竖穴

古人居住的洞穴

由于地下潮湿阴冷，对生活品质要求越来越高的祖先们，不会往地下挖很深，反而更重视洞穴上面的小草棚的建造。这种半地穴建筑的代表，便是距今六千多年前的半坡文化。

随着小草棚越来越大，人类开始用泥土垒起草棚的四面。这些垒高的部分称为墙，而这座凸起于地面的建筑，后来有了个名字叫屋。

横穴和竖穴，是人类的两种穴居方式，主要出现在北方。而另一支人类的居住，则以鸟类为参考——这种巢居模式的代表就是南方的河姆渡文化。

河姆渡人的房屋是在树上搭平板，然后加上茅草屋顶。但是比起北方，南方更加潮湿，为了解决这个问题，南方居民开始给房屋升级改造。他们把树锯成一根根木桩，搭建起悬空的平台，在平台的基础上盖房子。这样的房屋被称为干栏式建筑。

今天的高楼大厦本质上也是一棵棵参天的水泥大树上的巢穴，"巢穴"两个字，把巢居和穴居都完美涵盖了。

屋顶：辨识古建的第一步

很多对古建筑感兴趣的人，一看到复杂的斗拱部件和各种专业名词就望而却步了。其实，所有能容身的建筑，都是地基上垒四面墙，然后扣个顶。有的地基高一点，会安个台阶。

地基、墙、屋顶，是古建筑的三个主要部分。想看出不同建筑之间的差别，往往要看屋顶。

大家都见过亭子。亭是供人停下休息歇脚的地方。

一个人在亭子下歇脚，这个字就写作"停"。亭子像一把雨伞，中间凸起的地方叫宝顶。这种交会于一个顶尖上的形式，叫攒（cuán）尖。亭子的尖延伸出几条线，这个屋顶就有几个角——我们常说的四角亭、八角亭，就是这么来的。

其实攒尖顶并不局限于带角的亭子，比如故宫的中和殿（图1），就是攒尖顶在宫殿上的应用；再比如北京天坛的祈年殿（图2），就是攒尖顶在圆形建筑上的应用。

攒尖顶的中心是一个点，把这个点拉成一条线，就是最常见的中国宫殿类型——庑（wǔ）殿顶。中间拉出的这条线，我们中国人称之为脊，因为在正中，故而叫正脊。殷墟宫殿宗庙遗址复原的商朝宫殿，就已经有正脊这种结构了。

由正脊延伸到房顶四个角的四条斜线，也是脊。它们斜垂着延伸到檐角，所以叫垂脊。宋朝管垂脊叫"阿"，四条垂脊的房顶就叫四阿殿顶，也叫吴殿顶，明清统一称为庑殿顶。

不论是梁思成、林徽因发现的唐代佛光寺东大殿（图3），还是故宫的太和殿（图4），都是标准的庑殿顶。

只要有庑殿顶出现，一定是最尊贵的地方。

从图片上看，东大殿只有一层屋檐，太和殿有两层屋檐。两层或多层屋檐重叠，就是重檐，这在建筑上也很常见。所以太和殿的屋顶叫作重檐庑殿顶，东大殿则是单檐庑殿顶。

有些大殿的屋顶，四条垂脊似乎中间折了一下，在屋顶两侧形成两个三角。一座房子四面墙中，两边的墙称为山墙。如果把两侧的山墙看作一座山，屋顶的三角位置就相当于一个缓冲的平台，就像爬山中途可以歇脚的地方。所以，这种屋顶在清朝时叫作歇山顶（图5）。

相比庑殿顶，歇山顶等级要低一点，也更为常见。华夏大地最有名的歇山顶建筑是天安门。天安门也是两层屋檐，所以天安门屋顶的标准名称是重檐歇山顶。

但凡是有攒尖顶、庑殿顶、歇山顶的房子，大都是重要建筑或中心建筑，普通老百姓是不能住这种屋子的。

北方的平房普遍是两面坡顶。两面坡的屋檐边缘会伸出山墙，有一部分在外面悬空。屋顶悬于山墙之上，故而叫悬山顶（图6）。如果屋顶直接和山墙连接，那就是硬山顶（图7）。这两种屋顶是北方民居的普遍样式。

之前我在南方看到过一种类似硬山顶的房屋，但屋顶没有正脊，而是平缓的弧面，这种屋顶叫作卷棚顶（图8）。卷棚顶有悬山卷棚顶，也有硬山卷棚顶。

以上就是中国古建筑中常见的屋顶样式。除此之外，还有些比较少见的，比如：岳阳楼的盔顶，像个将军的头盔；清真建筑的穹窿顶；福建客家土楼的环形顶；还有故宫角楼那种组合式屋顶，上面是两个歇山顶十字相交，看起来极富美感。

宫殿：这才是紫禁城

了解了这几个屋顶形制，我们再来看故宫中轴线上的三大殿——太和殿、中和殿、保和殿，你会觉得这些都是熟面孔了。

进入王权社会以后，宫殿就是统治者的居所。秦朝有咸阳宫，汉朝有未央宫，唐朝有大明宫，明清有紫禁城，这些宫殿都是封建王朝的权力中心。宫是生活起居的地方，在后面；殿是皇帝处理政务或举行仪式的正式场所，在前面。可以理解为，宫是卧室，殿是客厅。

　　故宫原本的名字叫紫禁城。靖难之役后，明成祖朱棣觉得待在南京不踏实，于是在自己的封地北京营建了新的宫室。在古代星象中，天帝所居之处为紫微垣，故而是紫；皇宫为皇家禁地，故而是禁，合称为紫禁城。如今我们称它为故宫，是因为这座宫殿是旧政权的宫室。

　　故宫的建筑依北京的中轴线设立，排布方式可以用一句话概括：前朝后寝，左祖右社。

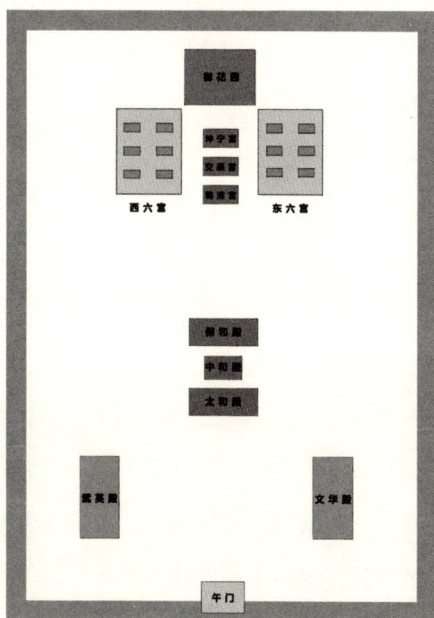

故宫示意图

"前朝后寝"刚才已经提到了。故宫的前半部分是朝堂，属于宫殿里的"殿"；后半部分是寝宫，属于宫殿里的"宫"。殿有三大殿，依次是太和殿、中和殿、保和殿。在一些传统故事里，又管太和殿叫金銮殿。

太和殿是故宫的中心，也是故宫最大、最高的单体大殿。皇帝登基、册立皇后、号令出征，包括重大节日的活动都在这里举行。

太和殿后面的中和殿，是皇帝要出席重大活动的候场区。比如祭天仪式前，皇帝得提前熟悉一下演讲稿，彩排一下自己的仪态、语言吧，就在这里完成。

中和殿再往后就是保和殿。科举的殿试、逢年过节组织宴会，一般都在保和殿进行。

三大殿的两侧，一左一右的是文、武两殿，即文华殿和武英殿。在不同时期，这两个殿的用途也不同，但一般都是皇帝处理政务文书以及作为书房的宫殿。

三大殿之后就进入寝宫范围了，即三宫，分别是乾清宫、交泰殿、坤宁宫——这三座建筑也是依中轴线依次排列的。

乾清宫是寝宫中最大的单体建筑。它大部分时间都是皇帝的寝宫，皇帝日常也会在这里处理政务。

交泰殿处于三宫的中间位置，前面是乾清宫，后面是坤宁宫。乾为天，为阳；坤为地，为阴。阴阳相合，天地交泰，故而叫交泰殿。这里是皇后接受日常朝贺的地方。

交泰殿之后是坤宁宫。皇后大婚当晚会睡在坤宁宫，其他时间用来做萨满祭祀。

如果你常看明清古装剧，对这些宫殿应该不陌生。在明朝，乾清宫和坤宁宫的用途还比较规范；在清朝，这两个宫就不只是用作寝宫了。

还有御花园。御花园的面积不算大，只是故宫里的一个小点缀。其实清朝皇帝真正的花园是后面的北海、中南海、圆明园、颐和园、承德避暑山庄——这些才是享受奢靡生活的地方。

三大宫的两侧是东六宫和西六宫，这里是宫斗的大舞台。

左祖右社的说法，和我们常听到的午门有关。午门是故宫的正门，往前还有端门。"端"和"午"都有正的意思。午门前的左右两侧，就是所谓的左祖右社。左边是太庙，用来祭祀祖先；右边则是社稷坛，用来祭祀社神和稷神，也就是土地神和五谷神。尊祖敬农，这是中国人永恒不变的礼义。

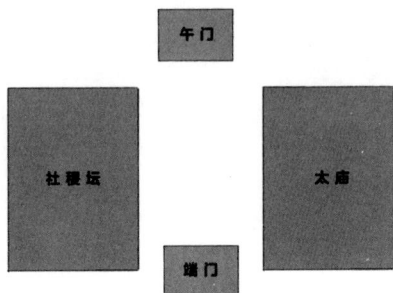

午门

社稷坛　　太庙

端门

太庙、社稷坛

城墙：战争攻防建筑

讲完明清宫殿的大概框架，再讲讲城墙。

在原始社会里，人类为了保卫部落，会在部落的周围挖壕沟，使敌人和猛兽无法轻易越过。挖出来的土，堆在沟旁边，一挖一堆，上下高度差不断扩大。时间一长，壕沟变成了城池的护城河，挖出的土堆建成了城墙。

最初，修筑城墙的方法是夯土版筑：用两块木板夹着土，用木杵从上面把土捣实，撤掉木板后，就形成了土墙。商朝遗址里的土方，上面有坑坑洼洼的印记，就是当时夯土的木杵频繁下压留下的。

到了明朝，修筑城墙基本用砖包——城墙里面是土，外面用砖包裹。如今，南京还能看到明朝"物勒工名"的城砖。物勒工名是一种工匠管理制度：砖上刻字，记录每一块砖头是谁制造的，方便追溯。

接下来，我们就城墙的每个部分逐一介绍。

城墙迎敌的一侧叫垛墙，呈锯齿状，就像长城上那种凹凸的口子，缺口叫垛口；靠近城内的一侧，没有垛口的矮墙，则被称为宇墙（图9）。

还有女墙。刘禹锡有诗云："淮水东边旧时月，夜深还过女墙来。"（《金陵五题·石头城》）女墙是城墙上的矮墙，一般在城墙内侧，用来防止跌落。

想在冷兵器交战中取胜，就要增大己方的攻击面。

城墙是一条直线，如果把城墙伸出来一部分，相当于探出一个平台，那么就可以同时从三个角度攻击城下敌人。探出的这个平台，就是马面（图10）。它让城墙攻防不再只局限于一个平面，士兵得以多方配合，消灭敌人。登城楼的台阶斜坡，被称为马道（图11），供战斗时运输人马。

城墙的核心在于城门（图12），也就是城的出入口。古代城池会在四面建多个城门。城门之上一般会有城楼，可供士兵登高远望，观测敌情。

如果要增加防御力，那就再造一圈围墙来保护城门，形成瓮城。士兵站在外圈城墙上攻击敌人，等敌人从外圈进入，一抬头，已经被包围在内外城墙之间了，周围一圈都站满了弓箭手。南京的中华门就有瓮城（图 13）：连着三道城墙，每一道瓮城里还有藏兵洞。敌人攻打中华门就像闯关一样。

如果还要增加防御力，那就可以在瓮城的城墙上建几层楼，上面满布射箭口，形成箭楼（图 14）。城墙的拐角位置能兼顾好几个方向，所以古人会在城墙的四角再建城楼，也就是角楼（图 15），用来侦测敌情。

城墙上的主要建筑大概就是以上几类，主要目的是军事防卫与敌情侦测。以前的城门楼多是木质结构的，到了明清时期，打仗动不动要上火炮，于是就把城门楼改成更结实的砖石结构。

坛与庙

说完了用于军事防御的城墙，我们再聊聊用于祭祀的坛庙建筑。

中国人讲究"敬天法祖"。天地自然和祖宗先人，是中国人家国情怀的两大源头。从原始部落时期到最早的广域王权国家，都离不开对这二者的祭祀。

用来祭祀自然天地、日月山川的场所叫坛，如天坛、地坛、先农坛。用来祭祀祖先、帝王还有圣贤的，叫作庙，如文庙、武庙、太庙。一般来说，坛是露天的，这是为了直接与天地对话；大部分庙都是宫殿，这是为了方便在室内供奉牌位。

古代皇帝在建立了一番伟业之后，就想跟天地做个工作报告，自我表彰一下。于是，秦汉之后的帝王们开始崇尚泰山封禅。"封"就是到泰山顶上建圆坛，以报上天之功；"禅"就是在泰山脚下建方坛，以报大地之功。

明清时期的坛庙建筑，除了"左祖右社"中的太庙和社稷坛，还有就是如今依然存在的天坛、地坛、先农坛。我们熟悉的祈年殿，就位于天坛里。天坛、地坛、日坛、月坛，分别位于四个方位，用来祭祀天、地、日、月。

除了祭祀自然和祖宗，还有祭祀圣贤的文武庙了，如曲阜的孔庙、各地的关帝庙。

地道四合院什么样

说完祭祀，我们再来看看古代老百姓住的房子。

中国幅员辽阔，不同的地貌和气候塑造了不同的民居风格。北方的合院式民居、江南的厅井式民居、东南的客家土楼、西北高原的窑洞，这些房子看上去差异很大，却都回答了同一个问题：如何因地制宜地创造最适合人类居住的环境？

远古时期，人们盖个茅草屋，拿篱笆或泥巴在四周一围，就是一个小院。草房子越来越大，篱笆也越来越大。再往后，草房子成了宫殿，篱笆成了城墙。

墙围起来的空地就是院子。

一个房子从前到后有几个院子，经过几道门，就是几进。比如：进门就一个院子加房屋，那就是一进四合院；有两道门、两个院子、两排房，前院接待，后院寝居，就是两进四合院。

如果在两进四合院的后面再加一进，就形成了三进四合院。女眷一般住在最后一进的院子里，不轻易见人，也就是我们常说的"大门不出，二门不迈"。四进、五进的四合院，就是在三进的基础上在中间加门、加院子——只有大户人家才有这种规格。

前后房屋的排数叫"进"，左右多出来的院子则叫跨。左边多出来就是左跨院，右边多出来就是右跨院。跨院可以用来居住，也可以用来建造花园。

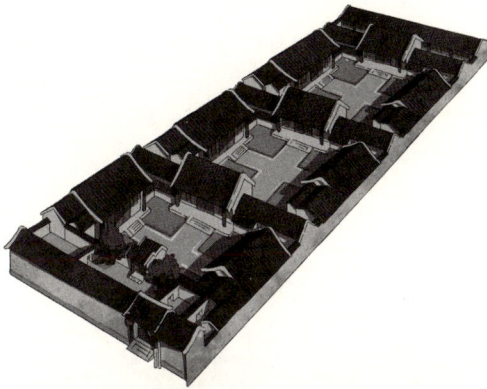

四合院的"进"

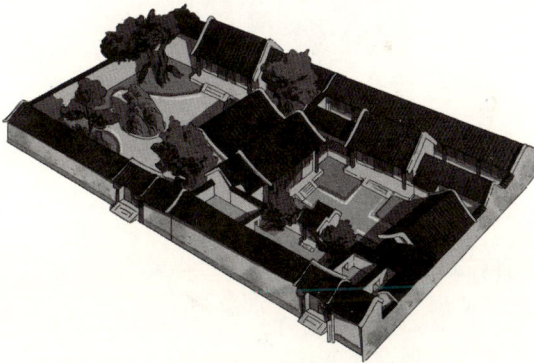

四合院的"跨"

四合院的内院正中叫正房，这是一家之主的住所。内院两侧的房间叫厢房，东边是东厢房，西边是西厢房。过去的大家族聚居在一起，厢房一般是儿子、儿媳居住。正房两侧两个像耳朵一样的小房间叫耳房。耳房比较小，一般用来当储藏室。最后面的一排房是后罩房，一般是给女眷居住的。这就是四合院主体各部分的名字。

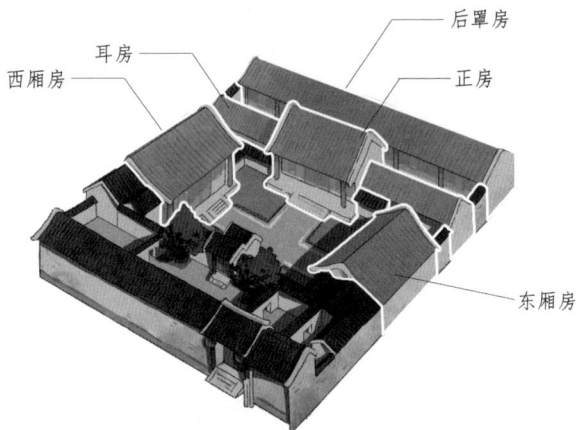

四合院示意图（图注版）

四合院的门口还设有影壁（图 16）。有的影壁在门外，也有在门内的。根据影壁的形状，可以分为一字影壁、八字影壁、座山影壁、撇山影壁等。

除此之外，大门口还有门枕石（图 17）和门簪（图 18）。门枕石的作用是固定门框。文官家摆方形的门枕石，武官家摆圆形的门枕石。门簪是匾额下面的承托，后来常在上面画上图案，用作装饰。

四合院中除了绘以彩画装饰，还有木雕、砖雕（图19）。除了北京，山西的大院、江南的民居，都能见到各种精巧的雕刻。

风格迥异的佛塔

最后，我们再来聊聊佛塔。

"救人一命，胜造七级浮屠"，这里的浮屠就是佛塔。这个称呼源于古印度佛教。古印度的圆顶窣堵波（stūpa）传入中国，与中国本土的砖木结构楼阁结合，诞生了风格各异的佛塔。

覆钵式塔（图20），顾名思义，就是个倒扣过来的钵盂的形状。上面是高高的塔刹，下面是须弥座，有的会在塔身开一个佛龛。这种塔最开始在西藏地区兴盛，后来东传。青海塔尔寺、北京妙应寺白塔、扬州瘦西湖的白塔，都属于这类。因为这类佛塔多是为藏传佛教所建，所以人们也称这种塔为喇嘛塔。

我们常见的中国佛塔是另一种形制。中国的佛塔有木结构的，如山西应县木塔；也有砖结构的，如西安大雁塔。

楼阁式塔（图21）是目前国内现存数量最多的塔型，属于多层的楼阁式塔，塔里有楼梯可供上下。单层的塔叫亭阁式塔（图22），远看像个亭子，如山西五台山的佛光寺祖师塔。

还有一种远看层层叠叠的塔，叫密檐式塔（图23）。这种塔国内有很多，主要是砖石结构，内部往往是实心的，人不能走上去。北京昌平的银山塔林中就有许多密檐式塔，河南登封的嵩岳寺塔也是密檐式塔的代表。

此外还有金刚宝座塔（图24）。金刚宝座塔由一个塔座加五座塔身组成，五座塔身象征着五方佛：中间的大日如来佛、东边的阿閦（chù）佛、南边的宝生佛、西边的阿弥陀佛、北边的不空成就佛。

在一些寺庙里，还能看到一种有装饰的石柱建筑，其实也是塔，叫经幢（chuáng）塔（图25），也叫石幢塔。经幢塔有圆的，也有四角、六角、八角的，塔身一般会刻画佛教经文或寺庙供养人的信息。

还有很多不同形制的塔，在此就不一一列举了。

本篇，我们从宫殿、城墙、庙宇、民居、佛塔介绍了中国的古建筑，这五大类又分别对应政治、军事、祭祀、生活和宗教五个方面。相信大家能对中国古建筑有一个基本了解。

钱币：从一枚贝壳说起

随着生产力的发展，以物换物的传统形态已无法满足社会需求，于是，用来交易的一般等价物就应运而生。

中国最早的货币是贝（图1），也就是贝壳。这种古代用作货币的贝，今天的学名叫黄宝螺。那时用作货币的贝类还有紫贝、大贝等。

古人为什么要用贝壳当货币？

首先，贝壳作为通行的装饰品，本身就具有价值；其次，它是一个个天然的独立单位，方便计算和换算；再次，贝壳不光坚硬耐磨，而且个头小、便携；最后，对于身处内陆的早期中原文明，贝壳是一种稀罕物，相对不易获取，有利于通货的稳定。

贝是最早的货币，所以直到今天，与钱财有关的字，大多带有贝字旁，如财、货、赔、赚、贵、贱、赊、账、贩、购、资、费等。

随着社会继续发展，真正的贝壳在交易中越来越少。于是人们开始用石头、兽骨、陶来仿制贝壳。在这个过程中，人们发现最好用的替代品是铜。所以，贝币之后，铜币出现了。

多样的战国铜币

相对于贝壳，金属货币更加耐用。春秋战国时期，有四种主流的铜铸币，分别是蚁鼻钱、布币、刀币、环钱。

蚁鼻钱流行于南方的楚国，主要有两种：一种被称为鬼脸钱（图2），上面的纹饰像一张人脸，下半部分的口，是穿孔的洞；另一种上面写有类似"各六朱"的字形（图3），有人说这三个字连起来像只蚂蚁，钱币整体又像鼻子，所以称其为蚁鼻钱。不过也有一种说法认为，"蚁鼻"是一个形容词，用来描述这种钱的轻盈。

布币是经常能在古玩市场看到的钱币。我小时候就有一个困惑：为什么钱币要做成这么奇怪的样子？其实布币的原型是一种古代农具，叫镈（bó，图4），长得像铲子。古代取"镈"的同声假借字"布"来称呼这种货币，即布币。

还有一种造型怪异的钱币——刀币（图5）。

刀币主要流通于先秦时期的东方和北方。有说法认为：布币是农具的符号化，是农耕经济的体现；而东北使用的刀币，则是渔猎经济的体现。

春秋战国时期，齐国使用大刀币。根据刀币上所刻的字数，齐国的刀币可分为三字刀、四字刀等。有的三字刀上刻有"齐法化"的字样，"化"是货币，"齐法化"就是齐国法定货币的意思。

除了蚁鼻钱、布币、刀币，春秋战国时期还有一种主流货币，叫环钱（图6）。顾名思义，环钱就是圆环形的钱，已经非常接近我们熟悉的钱币形状了。环钱的造型参考了纺轮，也是源于实用工具。

战国时期的魏国和秦国都使用环钱，不过出土量较少。这种圆形圆孔钱，就是后来秦半两钱的前身。

秦半两、汉五铢

随着秦灭六国，秦始皇统一货币，半两钱（图7）成了全国的法定货币。

为了方便打磨，秦半两采用了外圆内方的形式，符合古人"天圆地方"的宇宙观。从此，钱币也多了一个别称：

"孔方兄"。

秦始皇还将货币与度量衡制度相结合。货币以铢、两为计重单位，24铢为1两，16两为1斤。当年刘邦出远门，穷得揭不开锅，萧何给了他五枚秦半两，让刘邦感动不已。后来，汉朝开国，刘邦还为这事多分了萧何两千户。

秦始皇禁止了原本通行的各种流通钱币，还推行大秦的"金钱本位制"，即黄金和铜钱并行的制度。秦朝以黄金为上币，用于赏赐、馈赠以及大额支付；半两为下币，也就是铜钱，多用于日常交易。

自此，中国货币开启了外圆内方的铜钱形式，方孔钱成了主要的货币形式。

这之后的汉朝依旧以重量作为铜钱的名称，如西汉初年的半两钱、八铢钱、四铢钱。但当时民间铸钱泛滥，钱币常常缺斤少两。汉武帝出于经济集权的目的，开始了货币改革。

于是，古代历史上流通时间最长的货币——五铢钱（图8），诞生了。

相比秦半两，五铢钱更为轻便，而且币值也更加稳定。因此，五铢钱从汉武帝时期，一直使用到唐朝初年，跨度超过了七百余年。即便在动荡不安的南北朝，各个政权的货币依旧以五铢钱为基准，最多加几个字，如永安五铢、常平五铢。

王莽作妖，大泉、契刀、金错刀

王莽当政时，实行了一系列匪夷所思的"托古改制"，其中对货币的改革更是大刀阔斧，目的是彰显他开创的"新朝"的全新性与合法性，以及为了掠夺民间财富。

王莽在五铢钱基础上，发行了三种新钱币：一种圆钱、两种刀钱。

圆钱叫大泉五十（图9），外形是正常铜钱的样子，重量是十二铢。但是，一枚大泉五十可以抵五十枚五铢钱，也就是说，币名不再跟重量挂钩了。那么，百姓就无法从字面上看出币值虚高了多少。

不仅如此，王莽把先秦的刀币复原了，同时又有创新：刀币的环被他铸成了铜钱的形状，原本有弧度的刀身也变得笔直。乍一看，完全是一把钥匙。

第一种刀币叫契刀（图10），上面刻四个字："契刀五百"。一枚小刀币，值五百枚五铢钱，你说王莽狠不狠？

这还没完，还有第二种刀币，叫错刀（图11）。因为错刀上的字采用黄金嵌错，所以它还有一个俗称：金错刀。金错刀上也标注了币值："一刀平五千"。一枚错刀币，值五千枚五铢钱，两枚错刀就能换一斤黄金。

谁愿意当这冤大头？这不纯纯侮辱老百姓智商吗？于是，民间纷纷抵制这几种钱币。这三种钱只通行了两年，就流通不下去了。

王莽开始了第二次改革，废除了两种刀币，专铸大小泉。大泉依然叫五十。新发行的小泉叫小泉直一，价值等同于五铢钱，但重量只有一铢。

公元 10 年，王莽又开始改制了。他用五种新材料当作货币：金、银、铜、龟、贝。其中，铜又分为泉货和布货，因此共计六货。而这六种货币又各自有不同的币值。这一波操作让全国上下乱了套。

没过几年，新朝一朝而亡，刘家人再度兴复汉室。五铢钱，再度回归。

开元通宝

不论秦半两还是汉五铢，都是以重量来命名的。到了唐朝，这种传统有所变化，开始以宝、通宝、元宝等抽象称谓来命名货币。

其中最著名的就是开元通宝（图12）。开元就是开辟新纪元，通宝就是通行宝货、通用货币。据传，"开元通宝"四个字由大书法家欧阳询书写，端庄俊逸。

要说明的是，开元通宝是唐朝开国皇帝李渊在武德四年发行的，跟唐玄宗李隆基的"开元"年号并无关系。开元通宝不是年号钱，但之后的钱币确实大多是年号钱，如乾元重宝、大历元宝、建中通宝。

开元通宝的诞生，让货币不再以重量为依托，而是成了具有名目价值的货币符号。

在唐朝，开元通宝一直是法定货币，通行时间近三百年。而由此开创的通宝币制，更是通行近一千三百年，直至封建时代的末期才消失。

其实，从汉至唐，社会上主要的流通货币除了钱，还有绢帛。货币很容易因为私铸和滥发而导致体系崩坏，绢帛却是实实在在的贵重物，相对更稳定，适合大额交易。黄金也有相同的作用。

纸钞与白银

"钱帛并行，黄金为辅"的货币体制，在宋朝迎来了全面升级。

宋朝商业发达，各种钱币流通于市场。不论是铜钱还是铁钱，都有一个问题，币值低且不方便携带。于是，北宋时期，四川地区发明了交子（图13），这是世界上最早的纸币，以铁钱为准备金。南宋时期，东南地区又发明了会子（图14），以铜钱为准备金。因为会子是用楮树皮造的，所以也叫楮（chǔ）币。后来，楮币就成了纸币的代名词。

交子和会子的发行依赖于政府信用，是信用货币的革命性实践。它们在一定程度上取代了绢帛以及黄金等贵金属的流通属性。同时，白银在宋朝也开始规模化流通了。南宋时期，一两白银约等于两贯铜钱。

如果你身处宋朝，就会发现，这是一个日常小额交易用铜钱和铁钱，大宗交易用白银和纸币的时代。这就是宋朝多元共生的货币格局。

宋朝后期，由于政府滥发纸币，造成纸币的大幅贬值。但元朝人依旧看到了纸币的无限优势。从忽必烈开始，政府不遗余力地推行纸币，即宝钞（图15）。忽必烈多次下令，禁止铸造铜币，就是为了纸币的广泛流通。

元朝将白银作为纸币的准备金，禁止民间白银流通，但依旧屡禁不止。元朝还将白银浇铸成五十两一个的银锭（图16），并铸文"元宝"，意思是"元朝之宝"。

我们熟悉的银元宝就此出现。

明朝建立后，恢复了钱钞并行的制度，小额交易用铜钱，大额交易用宝钞。

这时，朱元璋发布了一种大明宝钞（图17），目的是搜刮民间财富，只发行，不回收，最终被废止。

明朝，世界正处于大航海与全球扩张时期。

哥伦布发现新大陆后，拉丁美洲的银矿被源源不断地开采，又通过贸易，源源不断地流入中国。此外，日本发现的银山、银矿又通过中日贸易涌入中国。中国原本是个缺银的国家，但由于国际贸易，慢慢变成了白银大户。

白银具有许多优势：价格高、易分割、耐腐蚀。明中期以后，白银正式成为主要的流通货币。从此，中国迈入贵金属货币时代。

大航海之后，哼哧哼哧忙了一圈的欧洲人回头一看：怎么银子都跑到中国去了？于是，在贸易上无法取得优势的西方人，在晚清用鸦片打开了中国的大门。伴随着各种屈辱的不平等条约，无尽的白银又从中国流向了西方列强们的口袋。

铜元与龙洋

清代发行的铜钱我们就比较熟悉了：顺治、康熙、雍正、乾隆、嘉庆、咸丰、同治、光绪，各种年号通宝，都是方孔钱。

清朝末年出现了一次钱币改革。

过去两千年来，中国的钱币都是"范铸"：往模具中倒铜水，等待钱币冷却成型。但光绪年间开始采用机器铸造铜元。这样制造出的铜元有光绪元宝（图18）和大清铜币（图19）。流通了两千年的方孔铜钱，变成了没有孔的新式铜币。

那白银呢？前期，清朝依旧沿袭明朝的银钱制度，白银在贸易中的地位越来越重要。但清朝的银两形制混乱，有五十两的元宝，也有十两的中锭，还有一至五两的小锭，再加上各种碎银，流通极为不便。清朝人出门都得带剪子和小秤，用来随时切割银子，称重找零。

当时，各种西方银币因为成色固定而大受欢迎，如墨西哥鹰洋、西班牙的本洋、英国的站洋等。于是，清朝官方也开始铸造"龙洋"：一种叫作"光绪元宝"的银元。1910年，清朝又铸造了"大清银币"。但彼时清王朝已经是风雨飘摇，未能全面推行。

从贝币到纸币，从铜钱到银元，古代货币的演变，不仅是交易媒介的迭代，更是一部浓缩的文明史。如今，我们越来越依赖于电子支付，对于具象化的钱币已经感到陌生。未来货币的形式还会有哪些变化呢？让我们拭目以待。

谶语：政权更替的暗线

去庙里求过签的人应该知道，一般签上会有一句跟运势相关的、似是而非的七言绝句。其实这是古代"谶纬之学"的延伸产物。

谶的意思是预言。有时是一句话，叫谶言或谶语；有时是一幅图，叫图谶。甲骨文上刻的卜辞，很大一部分就是谶。

那纬是什么呢？我们知道五经是《诗经》《尚书》《礼记》《周易》《春秋》，古人认为经纬是相对应的，既然有经书，就得有纬书。于是，汉朝有了七部纬书，合称"七纬"。

纬书的内容多涉及神秘学说，用儒家经义来预言吉凶、牵强附会。汉朝经学兴盛之时，也是纬书最有市场的时代。后来经过不断禁毁，纬书才渐渐退出了历史舞台。

不过，谶语一直都很有市场。古人相信天命所归、君权神授、天人感应。老天爷的话不可不听，这是古人的共识。

因此，有一些别有用心的人假借上天，人为地制造预言，或为诅咒，或为宣言，或为劝谏，或为犯上作乱做心理铺垫。

谶语的本质

为什么人为的预言能被广泛接受呢？古代人缺乏科学认知当然是一个原因，另一个原因是谶语符合当时社会各阶层的利益。

想造反当皇帝的人，可以借此渲染自己的身份；忠臣可以凭借谶语来规劝君王；老百姓可以用谶语来发泄——当民不聊生的时候，百姓束手无策，只能寄希望于（那些不利于统治者的）谶语能够成真。

当然，不那么老实的百姓则会对谶语加以利用。在古代无数的农民起义中，谶语无疑是成本最低且最行之有效的革命宣言。比如："苍天已死，黄天当立"（《后汉书·皇甫嵩传》）、"大楚兴，陈胜王"（《史记·陈涉世家》）、"开了城门迎闯王，闯王来了不纳粮"（《石匮书后集》）。这些谶语在短时间内迅速笼络了人心，让人们行动一致。

等到这种手段不断泛滥，君主就不乐意了：造反顺口溜是吧？整文字游戏当谜语是吧？统统文字狱！于是，读书人变得噤若寒蝉，连吟诗作赋都战战兢兢，哪还敢篝火狐鸣、鱼腹藏书、陨石刻字、假托天命呢？

一言以蔽之，两千年来的民谣谶语并非天意，而是民意。应谶语而得天下的背后，实则是得民心者得天下。

檿弧箕服，实亡周国

目前所知最早的谶语，应该就是西周末年的童谣——"檿弧箕服，实亡周国。"（《史记·周本纪》）

这句童谣流传于周宣王时期。周宣王可能大家有点陌生，他的父亲是那个引发国人暴动，被驱逐的周厉王；他的儿子是烽火戏诸侯的周幽王。

"檿弧箕服"，就是桑木制的弓、箕木制的箭袋。周宣王听到这个童谣的时候，正巧城中有一对卖桑木弓、箕木箭袋的夫妇，于是他就把夫妇俩驱逐出境了。后来，这对夫妇在流亡的路上收养了一个孩子，也就是后来被进献给周幽王的褒姒。所以，"檿弧箕服，实亡周国"的谶语应验了。

"檿弧箕服"与西周灭亡之间的联系是非常牵强的，相信很多人都能辨别这一点。我们再进一步说，西周真的亡于烽火戏诸侯吗？其实也很牵强。那时诸侯拱卫王城，并没有秦汉时候的烽火台。

周幽王向诸侯国开战，结果被与犬戎联合的诸侯国反推，才最终导致了西周的灭亡。所谓红颜祸水之论，不过是借口罢了。

楚虽三户，亡秦必楚

秦始皇一统天下，一人把万古功业全包圆了，剩下唯一的念想就是长生不老了。

有个叫卢生的燕国人出去晃悠了一圈，给秦始皇带回一句话："亡秦者，胡也！"（《史记·秦始皇本纪》）于是秦始皇开始修建长城，又命蒙恬率军北拒匈奴。

"胡"就是胡人，指匈奴。卢生是燕国人，燕赵之地本就与游牧民族接壤，卢生对这个正在崛起的民族或多或少有点了解，并察觉出了隐患，所以炮制了"亡秦者，胡也"这句预言。

但万万没想到，还没等到匈奴来犯，秦朝内部先崩塌了。恰巧秦二世叫胡亥。所有人恍然大悟：对上了！合着预言应在这里了。

胡亥走马上任的当年秋天，陈胜、吴广就在大泽乡起义了。你想啊，胡亥再邪恶，秦王朝的垮塌跟他本人又能有多大关系呢？并且，秦朝灭亡的时候是秦王子婴出降的，不应该是"亡秦者婴"吗？

在历史演义中，秦灭楚国的时候，项羽的祖父项燕兵败自刎，他大呼一声"楚虽三户，亡秦必楚"，然后慷慨就义。但在《史记·项羽本纪》里，这句话是借楚南公之口说的。

"亡秦必楚"这句话，与其说是谶语，不如说是一句悲愤的诅咒，印证了后来西楚霸王的灭秦霸业。陈胜、吴广首事反秦，国号叫什么？张楚。就是"张大楚国"的意思。

既然提到陈胜、吴广，就不得不提《史记·陈涉世家》。陈胜、吴广在大泽乡起义，太史公曰："天下之端，自涉发难。"（《史记·太史公自序》）把陈涉列入世家，其意义自不必说了。

"大楚兴，陈胜王。"这是陈胜、吴广的谶语。

有趣的是，太史公还写出了陈胜、吴广造反前的心理活动："今亡亦死，举大计亦死。等死，死国可乎？"还有那句响当当的："王侯将相，宁有种乎！"更有趣的是，太史公把这二位具体的造反策划流程写得极为详细：半夜学狐狸叫，往鱼肚子里塞字条。

史书编撰者往往有个特点：对失败者的分析头头是道，对成功者背后的原因却讳莫如深。为什么呢？除了需要吸取失败教训之外，一个重要原因是：无论怎么书写失败者，失败者往往是没法找你算账的，而成功者却极有可能是你的顶头上司。如果你是太史公，能在《高祖本纪》里写"刘邦母亲怀孕的神迹""赤帝子斩白蛇""刘邦走到哪儿，哪儿都有七彩祥云"这些故事其实也是编出来的吗？你不能。

两汉：千古第一预言

谶言最盛的时候莫过于东汉。这一时期，有名的谶语都很直白，像是上天下达的委任状一样。

说王莽，直接就是"告安汉公莽为皇帝"（《汉书·王莽传》）；说刘秀，就是"刘秀当为天子"（《后汉书·光武帝纪》)，有名有姓，绝不废话。最有分量的预言往往是最简单直接的，"刘秀当为天子"也因此被称为"千古第一预言"。

民间相传，当年刘邦斩白蛇的时候，白蛇开口说话了："赤帝子，你要斩我头，我就乱你头；斩我尾，我就乱你尾。"刘邦才不被恐吓呢，一剑将蛇斩成两半。莽，蟒也。王莽，亡于蟒。因而两汉之间会有王莽这么一道劫数。这故事当玩笑听听还挺有意思的。如果真要论逻辑，那我首先要对刘邦是否只斩了一剑这件事保持怀疑。估计刘邦当时应该是鲁提辖附体，把白蛇"细细切做臊子"了。

王莽篡位前后，也出现过不少祥瑞和谶语，但本质上都是手下人的自由发挥，百姓民心所向的结果。百姓、百官、读书人，莫不拥戴王莽，自然就把他推到那个位置上去了。

至于刘秀的谶语，就有点复杂了。"刘秀发兵捕不道，卯金修德为天子。"（《后汉书·光武帝纪》）目前这句谶语争议颇多，我倾向于认为：这个谶语是王莽时代的人炮制出来的，没想到却应在了王莽的手下刘歆身上。刘歆并不是因为这个谶语才改名刘秀的，应该是早就改了名，后来才有了谶语。

刘秀对谶语相当笃信，甚至到了依据谶语来进行人事任免的地步。

一个叫尹敏的官员屡次劝诫他，都没有用。于是尹敏就在谶书中写了一句"君无口，为汉辅"（《后汉书·尹敏传》）。"君无口"就是"尹"字，意思就是刘秀应该依靠尹敏来辅佐大汉天下。刘秀看到了，把尹敏叫过来，问怎么回事。尹敏说："我看前人都是这么编的，我就给自己也编了一条。"

东汉末年，除了那句"苍天已死，黄天当立"，最有名的就是应在董卓身上的童谣了："千里草，何青青，十日卜，不得生。"（《续汉书·五行志一》）

"千里草"为董，"十日卜"为卓，合起来就是：董卓离死不远了。这本质上也是一句诅咒。董卓的所作所为激起了百姓的仇恨，民怨沸腾，董卓也就离死不远了。

西汉时流传下一条谶语，"代汉者，当涂高"（《后汉书·公孙述传》）。这条写得非常晦涩，导致后面想应此谶的人像个呆瓜，比如袁术。他觉得"当涂"即"当途"，也就是路途，而自己又字公路，且袁术的"术"也有路的意思。

于是，大聪明率先称帝了。

结果大家也看到了。《三国杀》游戏里袁术的知名技能是什么？伪帝。

坐不住的还有刘备。曹丕篡汉后，他让手下人也抓紧造谶。有个谶语说："益州分野有天子气。"（《后汉书·董扶传》）。如今坐拥益州的不正是刘备吗？这帝位委实该轮到他坐了。

不得不说，"有天子气"这个话术真是好用。

从刘邦那时候就用。后来西晋永嘉之乱，五马渡江，又说"金陵有天子气"（《晋书·元帝纪》）。总之，谁动了当皇帝的念头，谁那里就得有天子气。因此，古代有一个特殊的职业——望气师。通过一个人的外在精气神，看出这个人的阅历与性格，推测其作为，倒也不全是迷信，也是有一定根据的。

九州乱，谶语起

每逢乱世，就是谶语四起的时候。

氐族人蒲洪因为一句"草付应王"（《资治通鉴·孝宗穆皇帝》胡渚注）的谶语而改姓为苻。他是大秦天王苻坚的爷爷。苻坚后来灭了前燕。当时一直流传"鱼羊田升当灭秦"（《晋书·五行志》）的谶语，"鱼羊"为鲜，"田升"为卑，意思是鲜卑人会灭掉苻坚的前秦。但苻坚不以为然。

苻坚不但给鲜卑的慕容家人安排得妥妥当当的，还把燕国的清河公主和其弟弟慕容冲同时纳入后宫。男女皆收，那叫一个感情真挚。

当时长安城流传一句谶语："凤皇，凤皇，止阿房。"（《晋书·苻坚传》）慕容冲的小名就叫凤皇。苻坚心想：凤凰非梧桐不栖，非竹不食。于是他在阿房城中种满了梧桐和竹子，想让慕容冲住。后来，苻坚在淝水之战兵败，后院起火，慕容冲趁势攻取长安——真正意义上应了那句"凤皇，凤皇，止阿房"。

隋唐时期，又是谶语的一个小高潮。

隋文帝杨坚称帝太容易，所以需要一些天命来给自己背书，比较有代表性的就是"天卜杨兴"（《隋书·王劭传》）。隋炀帝时期，民怨达到了巅峰，谶语、谣言满天飞。杨广一怒之下要禁毁谶纬之书，但像"河南杨柳谢，河北李花荣"（《迷楼记》）这种有明显指向性的谶语依旧散播开来。

"桃李子，皇后绕扬州，宛转花园里。勿浪语，谁道许？"（《资治通鉴·大业十二年》）这是唐代最有名的谶语。

桃李子，应该是李姓；勿浪语，就是别乱说话，即是保密的"密"字，故而天命应该应在李密身上。但李密把大好时光用在跟王世充死磕上了。于是，另一个李——李渊，得了天下。李渊引申了"桃李子"一词的意涵：桃意味陶，就是陶唐，故而是李唐天下。

到了唐太宗时期，有"女主昌"的谶语，意思是李氏天下会被一女子取代。还有传言说，袁天罡曾给童年的武则天看过面相。当时武则天太小了，穿着比较中性，看不出性别。袁天罡看罢叹气说：可惜是个男娃，要是个女孩儿，以后是要君临天下了。这个故事被多次用来说明袁天罡的神算和武则天的天命。

武周一朝的很多谶语，都是武则天自己的造势，比如"圣母临人，永昌帝业"（《旧唐书·则天皇后本纪》）这种。

一次，有人进贡了一只乌龟，龟腹上丹书"天子万万年"（《资治通鉴·长寿元年》）几个字。吉祥话谁不爱听呢？武则天也高兴。可这时候，坚定的无神论者、凤阁侍郎李昭德却拿小刀去刮这几个字，直到把龟壳刮了个干净。他跟武则天说："您看，骗人的把戏，欺君之罪啊！"武则天很无奈，只能说："人家也是一片好心，莫要为难人家。"

可李昭德还是轴。又有人进贡了一块白色石头，里面是红心的，寓意是连石头都对武则天忠心耿耿。李昭德又反驳了："这一块石头忠心耿耿，那全天下的其他石头呢？都是在准备谋反吗？"

碰上这样的人，武则天也没办法。

挑动黄河天下反

元末乱世，最有名的谶语莫过于："石人一只眼，挑动黄河天下反。"还有一种说法是："莫道石人一只眼，此物一出天下反。"（《草木子》）

当时元朝大量征发民工去疏通黄河，民怨沸腾。于是，韩山童将一个石人埋在河道里，假借天命，煽动民众谋反。一声号令，天下皆反。《水浒传》里梁山好汉挖出了写有一百零八将名字的石碑，原型或许就出自这里。

等到明末闯王李自成打天下，宋献策送来一句谶语："十八子，主神器。"（《明史·流贼列传》）"十八子"，合起来就是"李"字，意思是：李自成要一统天下了。而另一首童谣则更能体现大顺军的受欢迎程度："开了城门迎闯王，闯王来了不纳粮。"

至此我们可以看到，历朝历代的谶语大多是用来造势的，属于烘托氛围。

直到清朝末年，义和团兴起，口号是"扶清灭洋"——更加实战化，起到在战斗时鼓舞士气的作用。这时候的顺口溜、歌谣数不胜数，很多也都带有谶语性质。

"梅花数片点苍苔，前度刘郎今又来。万里长城如电过，江南明月半弦开。二百余年数大清，平空大地起刀兵。二三不见三三六，一股香烟透太晴。几面黄旗道西京，一股黄沙耀眼睛。几面威风追鬼叫，一身铁胆闹江东。"（《义和拳歌》）

这时候，明清话本小说为人们提供了太多耳熟能详的故事。而关羽、岳飞、诸葛亮、孙悟空这些角色，都成了义和团的天助神威。

我记得中学历史老师说到义和团的时候，问我们："金钟罩、铁布衫真的可信吗？义和团愚昧吗？"当时我们都觉得太愚昧、太落后了。

可如今想来，即便只有大刀长矛，也要跟洋枪洋炮去拼死一搏的精神，不才是真正的反帝反压迫吗？他们知道自己没有神功护体吗？他们不过是一个个朴素的农民，是面朝黄土背朝天、吃糠咽菜的底层人民。"山东大闹义和团""还我河山还我权", 即使打不过, 也要反抗! 他们的名字无人知晓, 但他们的精神万古长青。

历朝历代的谶语如同政权更替的一条暗线, 总是为某人或某一特定群体服务的, 所谓的谶语其实都是对人心和时局的揣测。

中国古代史是一部分久必合、合久必分的历史, 同时也是一部不断造谶再毁谶, 循环往复的历史。"后之视今, 亦犹今之视昔"(《兰亭集序》), 愿大家不再被历史上的预言所迷惑, 当然, 也不要被当下和未来的所谓预言迷惑。

墓葬：古人如何看待死亡

墓葬基本概念

中国人常说"人死为大""事死如事生"。关于墓葬，历朝历代都有不少讲究。

墓葬是指把尸体通过一定方式放到特定的场所。这个场所就是墓，这个方式就是葬，两者合称为"墓葬"。同样是下葬的场所，我们还听过陵墓、坟冢这些词语，它们有什么区别呢？

古人云："筑土为坟"（《礼记·檀弓》）、"穴地为墓"（《旧唐书·李源传》）。高出地面的土堆就是坟，下面放棺材的地穴坑就是墓，上下合称为坟墓。为什么坟与墓要区别开呢？东周以前，古人墓葬大多讲究"不封不树"，也就是只有墓，没有坟包，也不种树。这就是《礼记·檀弓》上说的"古也墓而不坟"。

冢和陵也是坟，但冢是规模更大、规格更高的坟，陵在古代则专指皇帝的坟，如明孝陵、清东陵、昭陵、乾陵。

坟、墓、冢、陵，这些属于墓葬场所，接下来该说说墓葬的方式了。

"葬"这个字，上面是草，意味着要有植被生长，向阳才能植被茂盛；下面的"廾"，是四周围起的山。人类从穴居以来，就有了对安全感的需要，古代墓葬的选址方法也体现了这一点。

通过选取或改造而形成的微地形，能够形成良好的通风和光照的小气候，达到生态的良性循环——这就是风水，也叫堪舆。墓葬当中讲究的好风水，总结下来，其实就是好生态：依山傍水、向阳开阔、植被茂盛等等。

史前墓葬

我们总说"历史是一面镜子"，其实，历史只是镜中的影像，墓葬才是镜子。

目前，国内发现最早的墓葬可以追溯到几万年前的山顶洞人时期。山顶洞人把死者埋葬在居住的洞中，而不是扔在野外。

这是人类对死亡意识的萌发。因为有爱，才能聚成部落；因为有爱，死亡才令生者感到痛苦，从而珍惜、不舍与铭记。既然爱自己的亲人，怎么舍得他的身体暴露在野外，任由野兽分食呢？于是山顶洞人选择把死去的亲人带回居住的山洞，埋藏起来，并在周边撒上赤铁矿粉。现代考古认为，这是对血液的模拟，毕竟鲜红的血液是人类对生命最直观的视觉感受。

而在距今六千多年前的半坡遗址中，我们能看到成体系、成建制的家族集体墓葬。因为此时族内禁止通婚，所以未见有男女合葬墓。

成年人的下葬方式主要有：仰身葬、俯身葬、屈肢葬。此外还有二次葬，这些尸骨可能是先在别处腐烂，留下骨头后，被二次埋葬于地下。

考古学家有个很有意思的发现：在墓葬里，死者的头大多朝着西方或西北，这可能跟信仰有关，向着太阳落下的地方逝去，跟我们传统认知中的归西、驾鹤西去遥遥对应。

黄肠题凑

墓葬本质上就是挖坑，最简单的就是向下挖，这种竖着挖的穴，叫"竖穴土坑墓"。大的墓葬比较深，越深的地方，面积就越小。为了便于继续下挖，人们会在四周挖出"回"字形阶梯，像个方形漏斗，最下面的位置用来放置棺椁——也就是木棺和木椁的合称。

古代高规格的墓葬中，不光有木棺，还要有木椁，这是一套包裹棺材的木质结构，各种陪葬器可以安置在椁室里。

椁室葬的最高等级叫黄肠题凑。用今天的话来解释，就是把截成相同长度的黄心柏木，以露出年轮的部分当作"头"，垒起来向内排列，像拼乐高积木一样，打造出一座木头房子。墙体是由木头塞成的，从棺材的中心位置向四周看，全都是年轮的切面。

黄肠题凑的形制从周朝一直盛行到汉朝，先秦的秦公一号大墓和汉朝广陵王墓都采用了这种形制。到东汉，因为无法凑齐这么多木头，这类形制就越来越少见了。

大部分高等级墓葬都深达十米以上，为了方便上下运输物品，往往会修建一个长长的缓坡，一直深入到墓的最底层，也就是墓道。墓道数量的多少也在一定程度上反映了墓葬的等级。

商朝动不动就要大规模地往坑里埋人，用于殉葬。到了周朝，墓葬的宗教气息逐渐减弱，同时，宗法等级观念显而易见地增强了。

在西周的宗法制度下，人活着在一个宗族，死了也要合族而葬。这时候的墓葬形式一般有两种：公墓和邦墓。公墓是王侯贵族的墓地，等级森严，规模大，有严格的规划；邦墓是普通人的墓地。

春秋时期，礼崩乐坏，宗族开始瓦解，以家族为单位的墓葬形式开始占据主流，每个村子都有自己的祖坟地。这一形式一直延续到今天，也体现出中国人始终贯穿的家族观念。

春秋礼崩乐坏的另一个体现，是封土墓的出现。没有了礼教的约束，逐渐形成了一种攀比：谁的坟包封土堆大，谁就有面子。

东周到秦汉时期的主要墓葬形制，即下面是竖穴椁室葬，上面是高大的封土堆——因为像个倒扣过来的斗，所以也叫覆斗式封土。东汉以前的封土堆都是方形的，一层叠一层，顶部一个小平台。现在我们看到的圆形小山包，是被岁月磨平了棱角之后的样子。

以上是华夏墓葬形制的 1.0 时代。

陪葬品有哪些

除了墓主人的尸体，墓里最重要的东西是陪葬品。比如商朝的妇好墓，里面有各种青铜器、玉器、象牙制品等，共计千余件文物，件件都是顶级国宝，让人叹为观止。

周朝以前，作为陪葬的不只有器物，还有活人和活的动物。周朝建立后，周朝人开始了漫长的革新之路。在礼制的社会框架及部分统治者的主张下，反对人殉的声音开始出现。观念的变化推动了殉葬形式的改变，部分人殉渐渐被人俑所取代。人俑就是偶人，类似今天的人偶、手办。

同时，陪葬的物品也开始弱化。有些不好搬或买不起的东西，人们就拿泥巴捏一捏，烧制一下，做成模型，专供陪葬，这些器物被叫作"明器"。几乎每个博物馆都能看到出土的明器，如唐朝著名的唐三彩。到如今，不少地区祭奠逝者还会烧纸元宝、纸车马、纸别墅、纸跑车，这些都源自明器。

随着陪葬品的简化，人殉的形式也简化了。比如，捏个泥人或刻个木头人，作为活人的替代品，于是就有了陶俑和木俑，其中最有名的莫过于秦始皇兵马俑。

表面上看，用人俑代替真人殉葬已经是很文明的做法了，可孟子依然借孔子之口说了那句名言："始作俑者，其无后乎？"（《孟子·梁惠王上》）意思是，最开始做人俑陪葬的人，难道自己没有后代吗？

不论用真人还是陶俑，本质上依然是在认同殉葬思想。

不论是秦始皇陵，还是汉朝的各种贵族墓葬，都体现出了厚葬之风的盛行。当然，这也撑起了今天各个博物馆的门面：长沙马王堆汉墓、河北满城汉墓、江西海昏侯墓、徐州狮子山楚王陵、扬州广陵王墓，这些地方都出土了丰富的文物，为今天的考古研究提供了丰富的材料。

薄葬与防盗

东汉建立后，光武帝刘秀身处乱世，皇陵毁坏，盗墓猖獗。这让他有所感悟，转而提倡薄葬。但随着天下逐渐太平，大家忘了之前的教训，又可劲儿往墓里塞陪葬品了。因此，薄葬持续的时间很短。

汉朝之前，墓葬大多是竖穴椁——往下挖坑，再放上棺材。

在西汉中期，横穴式墓开始流行。往下挖一个坑之后，不再继续深入，而是改为横向挖，挖出地下空间，用砖石结构建造出墓室。墓室本就相当于椁，因此也叫石椁、砖椁。

这种横穴式墓，比较符合我们认知中盗墓小说里的墓室，后世也一直沿用。

到了汉末，天下大乱，不法分子又开始打盗墓的主意，如曹操的摸金校尉。后来北方平定，曹操的儿子曹丕上位，他认为：盗墓猖獗一方面是因为奢侈无度的厚葬；另一方面在于封树——这么大的封土堆码在那里，不是等着人来挖吗？于是曹丕提倡薄葬，曹魏又回到"不封不树"的古制了。

此后，中原迎来魏晋南北朝的大乱世，社会动荡不定，导致大部分墓葬都以薄葬为主。

历代帝陵风格

终于，隋唐到来了。从李世民的昭陵开始，一个因山为陵、凿山为室的陵墓新时代就此到来。

唐陵，也就是"关中十八陵"，大部分采用以山为陵的形制，依托天然山体，雄浑庄重，尽显皇家气象。陵园中衬有各种陪葬墓，陵前神道向南延伸，地底的墓室依旧是砖石结构。关中十八陵大多被盗，但武则天和李治合葬的乾陵得以幸免于难。

唐朝之后是五代乱世，国家分裂，活人的生计都很艰难，墓葬就更是草率了。

到了宋朝，墓葬的总体形制还是仿照汉唐，但在选址方位上出现了变化。宋朝对风水相当痴迷，严格遵循"五音姓利"理论：把人的姓氏分为宫、商、角、徵、羽，与五行的金、木、水、火、土对应，再根据地理上的方位选择墓址。比如：大宋官家姓赵，"赵"属于角音，选址要东南高、西北低。这跟传统的北高南低完全相反。

北宋的皇陵墓设在巩义，即"巩义八陵"；南宋的皇陵墓设在绍兴，被称为"宋六陵"。

对南宋君臣而言，南方只是"临安"，早晚还是要将陵墓迁回北方老家的。可他们等来的却是蒙古的铁蹄。宋六陵被妖僧杨琏真珈盗掘毁坏，陪葬品也被掠夺。直到明朝建立后，朱元璋才下令重新修缮。

历朝历代都有墓葬被盗，但鲜少听说元朝的帝陵被盗，这是因为蒙古族习惯秘葬。

蒙古族人去世之后，家人找个地方就把逝者埋了，并不考虑风水。埋的东西也简单，大多数只有一个棺材，最多再拿黄金箍一下——这点黄金也不值太多钱。然后万马踏平，魂归尘土。这也是到现在一座元代帝陵也没被发现的原因。

时间来到明清，这一时期是陵墓制度的成熟期，也是中央集权的顶峰期。

一说明朝，大家都能想到北京的"明十三陵"。其实，明陵一共十八座，除了十三陵，还有南京的明孝陵，是朱元璋和马皇后的墓；明皇陵，在朱元璋的老家安徽，是朱元璋父母和兄嫂的墓；还有明祖陵，在江苏淮安，是朱元璋爷爷和太爷爷等人的衣冠冢；还有用于埋葬嘉靖皇帝父母的明显陵；最后就是朱祁钰的陵墓，即位于北京海淀的景泰陵，这些加起来共计十八座。

明朝帝陵的显著特点是依照风水理论，选择北高南低、山环水抱之地，地面陵园也按照"前堂后室"的格局，沿中轴线排布。

清朝共十二座陵墓。入关前的关外三陵：女真人的祖坟清永陵、努尔哈赤的清福陵、皇太极的清昭陵，其中，清福陵和清昭陵都在沈阳。关内九陵都在河北，分为清东陵和清西陵。西陵埋着雍正、嘉庆、道光、光绪；东陵比西陵更有名，顺治、康熙、乾隆、咸丰、同治都埋在东陵。

明清陵墓普遍采用宝城和宝顶的陵墓形式。在地宫之上起坟，用黄土夯实成圆形的土包，这叫宝顶；周边一圈用城墙围起，叫宝城。

看了这么多墓葬方式，古人是如何看待死亡的呢？

孔子说："未知生，焉知死。"（《论语·先进篇》）孟子说："舍生而取义者也。"（《孟子·告子上》）司马迁说："人固有一死，或重于泰山，或轻于鸿毛。"（《报任安书》）文天祥说："人生自古谁无死，留取丹心照汗青。"（《过零丁洋》）

死亡是人类必须面对的课题，如果我们把这个课题提前想清楚，人生就通达了。不是再无坎坷，而是所有坎坷，皆不能再入你的眼，再乱你的心。人生，过的不是长度，而是密度。

玉器：何以钟情万年？

从漫长的新石器时代到 21 世纪，从巫术崇拜，到礼仪规制，再到实用艺术，玉，贯穿了中国的万年文化史。

中国人何以对玉钟情万年？当我们踏进一座博物馆时，如何快速识别不同历史时期的玉器？

好看的石头

从现代矿物学的角度看，玉是多种微晶质或隐晶质矿物的集合体。狭义的玉分为硬玉和软玉两种：硬玉的代表是翡翠，质地坚硬，有玻璃光泽，好看又昂贵；软玉的代表是和田玉，质地温润细腻，光泽柔和，有一种含蓄内敛的美感。

中国古人对玉的认知，跟今天是不同的。在古人眼中，玉就是好看的石头。

在漫长的石器时代，石头是人类的常用工具。随着石器加工技术的提高，人类学会了将一块石头加工得晶莹剔透的方法。于是，玉的概念初步产生。

随着部落的发展，社会有了等级的划分，精美的玉石成为部落首领和上层阶级的专属，逐渐成为王权与军权的象征，甚至是沟通神明的媒介。因此，远在夏商周之前，玉器就已经成为新石器各地区文化交流的重要见证。

"玉"字的甲骨文跟我们今天的"丰"字很像，中间一竖，贯穿三条横线，意思是用线穿起作装饰的玉片。《说文解字》中，"玉"字部收录了 126 个字。后来，"玉"字在演化过程中多出了一点，然而，玉字旁的汉字却保留了原来的字形。因此，"王字旁"实际上应该叫"斜玉旁"。

"玉"字的甲骨文

古人对玉的崇拜，催生出了各种对美好事物的形容与指代：琳、琅、琼、瑶、璇、玑，还有"道理"的理。

神话传说《穆天子传》中，西王母居住的昆仑仙境就是一个玉的世界：琼楼玉宇，琼枝玉叶。女娲补天所用的五彩石，本质上也是受"尚玉"文化的影响。后世绘画中的玉皇大帝，往往都是手持玉圭的形象。

在新石器时代，中国大地上孕育出了多元璀璨的玉文化。

红山文化的玉器以"神玉"著称，造型充满神秘色彩，反映出了红山先民对神灵与自然的敬畏。良渚文化的玉器则以"礼玉"闻名，展现出当时严格的礼仪制度与高度发达的社会组织。凌家滩文化的玉器兼具实用与审美，造型写实，工艺精湛，代表着当时高超的工艺水平。石家河文化的玉器则以精致化著称，造型多样。

这些遗址的玉文化特质，不仅体现了不同地域的艺术风格与文化内涵，更为中国玉文化的发展奠定了基础，是中华文明多元一体格局的见证。

夏商周玉礼器

到了夏商周时期，玉器成为政治、宗教、礼仪的重要载体，呈现出鲜明的时代特色。

夏朝的玉器处于过渡阶段。二里头遗址出土的玉璋（图1）、玉戈（图2）等，造型规整，线条简洁硬朗，多为扁平长条形，表面雕刻简单纹饰，如弦纹、兽面纹等。这些玉器摆脱了实用功能，更多作为礼器，彰显持有者的地位与权力。

到了商朝，玉器承载了高超的技艺和丰富的文化内涵。比如，殷墟妇好墓里出土的各种玉人、玉鸟、玉牛、玉象，个个精美可爱。其中还有一件玉鳖，巧妙利用了玉料本身的黑白两色，将鳖的背甲、双目和腹部生动地展现了出来。这种运用玉料的天然色彩来进行形象雕刻的玉器，被称作俏色玉作。

周朝，周王室设置了专门制造和管理玉器的"玉人"一职。《周礼》记载："以玉作六器，以礼天地四方。"六种不同材质的玉，分别用来祭祀不同的对象。哪六种呢？分别是：璧、琮、圭、璋、琥、璜。

璧、环、玦、珏、瑗

璧（图3），是一种中心穿圆孔的饼形玉器。

《尔雅·释器》中说："肉倍好，谓之璧。""肉"指的是玉璧的边，"好"指的是中心的圆孔。肉倍好，意思是玉璧的宽度是孔径的两倍。有学者认为，玉璧的形状来自古人对太阳运行轨迹的观察。这也符合周礼中"以苍璧礼天"的记载。圆形玉璧与古人"天圆地方"的观念相契合。

除了祭祀，玉璧也是贵族间礼仪馈赠的重要物品。汉朝贵族下葬时，也会在前胸和后背铺上多块玉璧，用丝绳串联绑在肉体上，然后再穿缀在金缕玉衣上。

如果玉璧的边与孔宽度一样，就是环（图4）。环的金文字形很有意思，是两个相交的圆圈。人们一般把环当作腰佩，或当作一组玉中的部件，用来装饰。

"环"字的篆书

如果玉环上有一块断裂的缺角，这就是玦（jué，图5）。

当君王想要疏远或者召回臣子的时候，会赐予臣子不同的玉器：如果君王赐的是玉环，那就是"还朝、召回"的意思；如果赐的是玦，就代表"决裂、决断"。《史记·项羽本纪》里有一段对"鸿门宴"的描写：在宴会上，范增几度想要项羽直接杀掉刘邦，他举着玦，朝项羽使眼色，就是暗示项羽要抓紧"决断"。

两块玉玦组合在一起，称为珏（jué，图 6）。这种组合装多用于耳饰。

如果孔继续扩大，大于边的宽度，就称为瑗（yuàn，图 7），俗称大孔璧。皇帝上台阶时，侍者要拿着玉瑗在前面牵引。因此，瑗也有"主动召见"的含义。

璧、环、玦、珏、瑗，从外形上看属于一个体系。

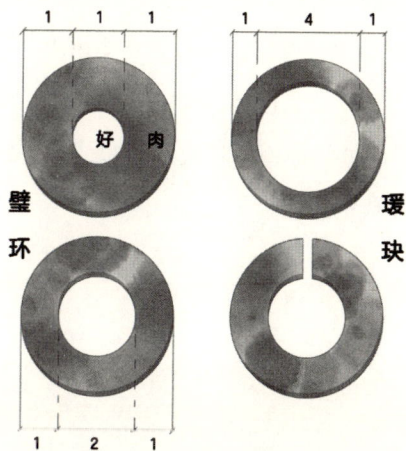

璧、环、玦、瑗

琮

六器中的第二件是琮（cóng，图8）。玉璧是圆形，而玉琮是方形，严谨地讲是外方内圆的筒状物。

古人崇尚"天圆地方"，所以"璧圆象天，琮方象地"。学者们对于琮的具体用途众说纷纭：有说琮是用来祭祀大地的，也有说琮是用来祭祀祖先的，还有说琮是用于观测天象的。

不光我们搞不清琮，古人也搞不清。乾隆就曾经对一件琮爱不释手，但他没有将这件器物与史书上的琮联系起来，研究一番后，乾隆认为这是古代辇车上抬杠头的套筒，称之为"玉杠头"。虽然推测结果离题万里，但乾隆明白一点，这东西一定年代很久远。

圭、璋、琥、璜

古人以六器礼天地四方，刚刚说完了礼天的璧和礼地的琮，接下来，分别说一说礼东、西、南、北四方的玉器：圭、璋、琥、璜。

首先是圭（guī，图9）。玉器中的圭，是一种下方上尖的玉板。《说文解字》中说："圭，瑞玉也。"贵族在祭祀或觐见君王的时候，要手执不同形制的玉圭。

璋（zhāng，图10）的外形是一个长方形的薄片，一端为斜刃。如果你去过二里头博物馆或者三星堆博物馆，对璋这种玉器一定不陌生。

《周礼》将璋分为了五类：用于祭祀南方之神朱雀，象征火德与夏季的赤璋；天子巡狩时，祭山所用的大璋、中璋和边璋；最后一种是牙璋，兼具礼仪与军事功能。璋的扩散史，就是一部早期中国的礼制传播史，也是中华文明"器以载道"精神的缩影。

六器当中，唯一以动物为形象的玉器是琥（图11）。

琥是一种以老虎为形象的玉器，整体呈扁平片状或圆雕立体形态，通常表现为虎匍匐、行走或奔跃的姿态。

琥分为两种：一种是"礼西方"的白琥，由白玉雕琢，象征星宿中的西方白虎，用于祭祀秋神；另一种是作为军事符节的"发兵之琥"，是朝廷用来传达命令、征调兵将的一种凭证。春秋战国时期，铜取代了玉，成为兵符的材料，也就是"虎符"。

六器中的最后一件是璜（huáng，图12）。

璜与璋的定义类似。《说文解字》上说："璜，半璧也。"璧是圆环，而璜是个半圆。不过璜几乎都是桥形或弧形，没有严格遵循半圆的形状。璜的两头雕刻龙首或者兽首，这和甲骨文中"虹"的字形相契合。有人推测，璜是古人模仿彩虹的形象制作而成的玉器。

"虹"字的甲骨文

六瑞

讲完了祭祀用的玉，也就是六器——璧、琮、圭、璋、琥、璜，再来看看象征身份等级的玉：六瑞。

西周的贵族，分为公、侯、伯、子、男几个等级。爵位不同，手里所执的玉器也不同。据《周礼·典瑞》记载："王执镇圭，公执桓圭，侯执信圭，伯执躬圭，子执谷璧，男执蒲璧。"这就是六瑞。

天子所持的镇圭，是六瑞中等级最高的玉器。镇圭的圭身雕琢细密的山形纹饰，寓意"以镇安天下"。镇圭一般出现于重大祭祀、朝会等礼仪场合。天子执镇圭于朝堂，象征着受命于天、统御四方的绝对权威。

"公执桓圭，侯执信圭"，桓圭和信圭都是长条形状的玉器，只是在尺寸和纹饰上不同。

"桓"是柱子的意思，寓意公侯为国家柱石，肩负辅佐天子、安定社稷的重任。信圭相对来说要短一点，寓意侯爵诚信守礼。在朝觐天子的时候，公侯们需要手持各自的圭器，行拜礼。

等级更低的中小贵族，则手执躬圭、谷璧和蒲璧。

躬圭象征伯爵鞠躬不亢，以事其君。相较于桓圭、信圭，躬圭的纹饰更强调谦逊守礼，契合伯爵在贵族阶层中的地位与职责。

谷璧的表面雕刻了谷粒纹样，象征五谷丰登，寓意子爵需要关注民生、劝课农桑。蒲璧的表面雕刻了蒲草纹饰，蒲草编织紧密，象征男爵应当团结民众。

韘与觽

前面这些用于礼制或装饰的玉器都带有斜玉旁。接下的这两件，更偏向于实用器。

首先是韘（shè，图13），这是一种套在拇指上的射猎护具——玉扳指。在发展演变的过程中，韘慢慢成为一种身份的象征，比较有代表性的，是殷墟妇好墓出土的妇好本人戴的玉韘。

还有觿（xī，图14）。觿是一种一端尖锐、另一端有孔可以穿绳的锥状器物。它是日常生活的一种实用工具，功能很直接，就是"解开绳结"。古代服饰多以绳带系结，当人们需要解开衣绳、腰带的时候，便可用觿的尖端挑开。

丧葬用玉

最后，我们再简单介绍一下丧葬用玉。

首先是玉琀（hán，图15），这是一种置于死者口中的玉器，一般是蝉的形制，盛行于汉朝，寓意"蝉蜕于浊秽，以浮游尘埃之外"（《史记·屈原贾生列传》）。

玉琀多为几何形的玉片或者玉珠。西周也会用玉璧的残片当作玉琀来下葬。这都体现了古人认为玉可"防腐保形"的观念。

在丧葬中，不仅有玉琀，还有玉握（图16）。顾名思义，就是手里握着的玉，以玉猪形象最为常见。在农耕社会中，猪是财富的象征，死者手握玉猪下葬，寓意将现世的财富与权力在另一个世界延续。除了玉猪，也有虎形象、鱼形象、蝉形象的玉握出土。

丧葬用具，还有著名的九窍塞（图17）。

九窍塞是古代丧葬礼仪中用于堵塞死者九窍的玉器，盛行于汉朝。九窍分别为：眼、耳、鼻、口、肛门、生殖器。因为眼、耳、鼻都是俩窟窿，所以一共九窍。汉朝贵族相信玉能隔绝尸体与外界，防止精气外泄以保形不朽，同时为灵魂留存依托。

九窍塞的使用折射出了汉朝的升仙信仰与"灵魂不灭"的生死观，是丧葬玉中极具象征意义的器物体系。

最后，围绕汉朝丧葬最主要的玉器，是金缕玉衣（图18），以玉片拼合成人形轮廓，用金、银、铜等不同材质的缕线编缀。它是葬玉体系中规格最高的玉质殓服。

玉器，是中华民族一路走来的见证，也是揭开古老文明众多秘密的核心密码。我们在博物馆里看到的玉器，每一件都是特定历史时期的标本，也凝结着古人无限的智慧。

青铜器入坑指南

青铜是红铜和锡、铅的合金，原本是金灿灿的，因为埋在地下被腐蚀或暴露在空气中才形成了表面的铜绿色。青铜器诞生于新石器时代晚期的土耳其和伊拉克地区，但却在中国发展至巅峰。按照用途，青铜器可以分为五大类：食器、酒器、水器、乐器、兵器。

食器

- 鼎

食器是古代祭祀或宴会中，用来蒸煮和盛放食物的容器，一般也兼具礼器的用途。食器中最著名的就是鼎。鼎由大到小可分为镬（huò）鼎、升鼎、羞鼎。

镬鼎（图1）最大，一般用来煮肉。用镬鼎煮完肉，该捞出来晾着了，用来盛熟肉的鼎叫作升鼎（图2），比镬鼎小一点。肉晾好了，该动筷了，白水煮肉总归要配点调料吧？羞鼎（图3）就是用来放调味品的。简单来说，镬鼎、升鼎、羞鼎，大致相当于我们今天的锅、盆、碗。

从外形上来看，鼎可以分为圆鼎和方鼎。

圆鼎（图4）有三足，就是三条腿，代表选手有："海内三宝"毛公鼎、大盂鼎、大克鼎。方鼎（图5）有四足，代表选手有：后母戊鼎、人面青铜鼎。

鼎是周朝社会制度下的产物，后来逐渐演变为国家政权的象征。据《史记·封禅书》记载，"禹收九牧之金，铸九鼎"于荆山之下，象征天下九州。夏的君主失去德行，九鼎被迁到商都亳都。商的君主失去德行，九鼎又被迁到周都镐京。因而，政权的转移叫作"鼎迁"，国家命运称为"国祚"，也叫"鼎祚"。

周朝后期礼崩乐坏，周王室大权旁落，诸侯争霸，楚庄王才有了"问鼎中原"的嚣张气焰。

▪ 簋

簋（guǐ）是鼎的好兄弟，常与鼎同时出现。鼎用来盛肉，簋用来盛饭。周朝的列鼎制中，规定了从天子到士的食器规范，即天子九鼎八簋，诸侯七鼎六簋。鼎的个数恒为奇数，簋的个数恒为偶数。

簋一般用来盛放黍、稷等谷物。它看起来像个盆，多数有双耳提手，但底部是圈足，没有腿。西周中后期，古人往往会给簋配个盖子，用来保温。

常见的簋有三种：圆簋、方簋、上圆下方簋。圆簋的代表如董临簋；方簋的代表如亚丑方簋；而上圆下方簋，最有名的莫过于利簋（图6）了。

利簋位列"九大镇国之宝"，并且是其中唯一的青铜器。换言之，这是中国文物界青铜器的"天字第一号"。

牧野之战是商周易代的决定性战役，但考古学家一直无法确定其发生的时间。而利簋内的铭文刚好记载了这场战役，铭文大意是：武王出征于甲子日清晨，且当时有"木星上中天"的天象。考古学家根据天象推导，将时间锁定在公元前1046年1月20日清晨6点到7点，八百载历史的周王朝也由此开启。

· 盨、簠、敦

还有几个跟簋似乎有说不清关系的青铜器，它们分别是：长得像圆簋的盨（xǔ，图7）和长得像方簋的簠（fǔ，图8）。

盨和簠都有盖子，且盖子上都有足。盖子拿下来，就变成两个容器了，很有设计感。能这么玩的青铜器还有一个，叫敦（duì，图9）。敦是鼎和簋结合后演化而来，长得像地动仪。它最明显的特征就是圆滚滚的器身。

盨、簠、敦，这三个都是簋的小弟，同样属于装饭食的青铜器。那古人用什么青铜器来煮饭呢？

·鬲、甗

用来煮饭、煮粥的青铜器叫作鬲（lì，图10），跟鼎的外形很像。鬲与鼎的区别在于足。鼎的足是实心的，鬲的足是空心的。鬲的腹部与足形成中空的袋，像阔腿裤一样，这种足叫款足。这样设计是为了增大受热面积，饭熟得快。

用来蒸饭的青铜器叫甗（yǎn，图11）。甗分两层：底部是鬲，用来加热形成蒸汽；上面的部分叫甑（zèng），类似今天的蒸屉。甗的中间部分有一层孔洞结构，叫箅（bì）。现在人们把这东西叫作箅子，可以用来蒸馒头和热饭。

古人想吃米饭了，先像煮粥一样连水带米放在底部的鬲里煮，煮个半熟捞出来，放到上面的甑中接着蒸，直到蒸熟。所以，甑就是古人的蒸锅。

说到这里，荤的、素的、干的、稀的都有了，调料小菜也不能少，这就轮到豆上场了。

· 豆

"豆"这个字，最早指的就是青铜器。豆（图 12）放到现在，得叫高脚盘。甲骨文里的"豆"就长得颇为写实。商周时期，很多豆是有盖的，你看豆上面有一横就知道了。

"豆"字的甲骨文

豆这种容器最早是用来盛饭的，后来用于放腌菜和调味品。而作为调味料的菽这种植物，久而久之，也跟着叫豆了。最后，作为容器的豆没了，用来吃的菽却占领了豆这个名字。

豆有一个兄弟，叫铺（pū，图 13）。它长得跟豆很像，但圆盘相对浅，个头也比较矮。它的柄更粗，且有编织状的镂空。

酒器

周朝人重食器，商朝人重酒器。青铜酒器按用途可分为：盛酒器、饮酒器、温酒器、调酒器。

▪ 觚

觚（gū，图 14）是一种圈足饮酒器，相当于今天的酒杯。它的外形像花瓶，又像两个喇叭焊在一起。觚只有上半部分装酒，下半部分是中空的底座。

觚有一个兄弟叫觯（zhì，图 15），也是饮酒器。在商周时期，觯有点像小号的尊。春秋之后，觯逐渐变得细长，越来越像觚了。

古人说："二升曰觚。觚，寡也，饮当寡少。三升曰觯。觯，适也，饮当自适也。"（《毛诗注疏》引《韩诗说》）觚和觯这两个名字，就是在时刻提醒饮酒者不要贪杯。

·尊、觥

盛酒器中，最有名的当数尊，其造型特点是：侈口（口向外张）、长颈、高圈足、圆腹或方腹。尊从外形上可以分为圆体尊、方体尊和鸟兽尊。

圆体尊中比较有代表性的是何尊（图 16）。何尊铭文中的"宅兹中国"四字，是关于"中国"二字的最早记载。方体尊中为人所熟知的是四羊方尊（图 17）。而鸟兽尊普遍采用写实的动物形象，如牛尊、象尊、猪尊、鸟尊、鸮尊等，其中最有名的莫过于妇好鸮尊（图 18）了。

青铜尊不但是酒器，也是古代重要的礼器。古人对尊的重视，衍生出了各种词汇，如尊重、尊敬。

还有一种酒器的外形也是动物，容易跟鸟兽尊混淆，叫觥（gōng，图 19）。但觥是有把手的，而鸟兽尊没有。

·罍、卣、壶

尊的好兄弟是罍（léi）。尊的开口向外翻卷，罍的开口则是直口或微敛。

从外形上看，罍有圆体和方体两种。圆罍（图 20）的外形和缶（fǒu）类似，但罍有颈，而缶没有。方体罍的代

244

表是皿方罍（图 21）。皿方罍华丽的纹饰与夸张的装饰扉棱，雄浑庄重，富丽堂皇，是真正的"万罍之王"。

圆罍的"近亲"是缶，方罍的"近亲"则是彝（yí，图 22）。彝在古代既是所有青铜器的统称，也指单一类型的青铜彝。

还有一种常见的、用于祭祀的盛酒器，叫卣（yǒu），其特征是两侧有提梁。卣一般用来盛放一种用黑黍和郁金香草酿造的酒。提手的设计是便于祭祀的时候往地上倒酒，跟给小树浇水一样。比较有特点的卣是鸟兽形卣，如虎食人卣（图 23）等。

壶也是一种盛酒器，有时也作盛水器。壶的造型多样，但长颈是其典型的特征。按照外形，壶可分为圆体壶、方体壶和异体壶。

圆体壶跟我们今天的花瓶外形近似，有些圆体壶也作饮酒器。常见的锺（图 24）就是圆体壶的一种，如海昏侯墓中出土的锺；方体壶也叫钫（fāng），这一器型也很常见。最著名的方壶就是莲鹤方壶（图 25）了。还有一种异体壶，如茧形壶、扁壶、瓠形壶、蒜头壶。

刚才介绍的酒器都属于圈足器，都有一个共同特征——没腿。那么接下来，该有腿的上场了。

· 爵、角、斝、盉

爵（图 26）是我们熟悉又陌生的酒器。在《哪吒传奇》里，纣王就用这个来喝酒。但目前，尚不明确爵属于饮酒器还是温酒器。

爵有流口，与之相对的尖锐的一段叫尾。上面的两个小棍叫柱，器身叫腹。腹部有一个把手，叫鋬。底部三条腿，也就是足。这种构造，如果当酒杯，不是戳眼就是戳鼻孔。所以，很多人认为爵应该是温酒器，底部的三足是用来支撑加热的，顶部的柱头是用来防烫的。

爵通常跟前面提到的觚一同出现。觚是饮酒器无疑，那么与之相对的爵，则起到温酒器或者分酒器的作用。

爵有个好兄弟，叫角（jué，图 27）。角没有流和柱，两边是对称的尾。角多见于商朝晚期和商周交替之际，存世量比较少。《礼记》记载："宗庙之祭……尊者举觯，卑者举角。"因此，角应该是低等级贵族的酒器。

爵还有个胖哥哥，叫斝（jiǎ，图 28）。斝一般作为盛酒器或温酒器，四舍五入算个大号的爵。《礼记》记载："贵者献以爵，贱者献以散。"这里的"散"就是斝，可见其在地位等级上要低于爵。

古代有酒量好的人，当然也有酒量不好的人，所以用来调酒的盉（hé，图29）出现了。人们在盉中倒入酒和水，两者混合以降低酒的浓度。这种用水调和的酒叫玄酒。

水器

· 匜、盘、盂、鉴

与酒器最相近的青铜器，是水器。

现在讲"饭前便后要洗手"，其实古人在这方面也很讲究，他们行沃盥之礼，也就是浇水洗手。装水的容器叫匜（yí，图30），类似今天的水瓢。使用时，一人持匜倒水，一人托盘接水。

在底下接水的就是盘。盘的圈足有高有低，大多带双耳把手，有的盘中也以鱼、龙、龟、蛙等做装饰。晚清四大国宝中的虢季子白盘（图31）是中国国家博物馆的镇馆之宝，也是西周时期形制最大的铜盘。

虢是诸侯国名，季是排行，子白是当事人的名字。盘上的铭文记载了子白受命讨伐北方部族猃狁获胜的经过，并指出了盘的铸造者是周宣王。铭文中的"猃狁"可能是匈奴的前身。

虢季子白盘出土后，先是被县官收藏，后来阴差阳错成为太平天国军队的喂马槽。有天晚上，淮军进驻此地，马在吃草料，把盘子撞得咣咣响，引起了淮军将领刘铭传的注意。之后，刘家将虢季子白盘世代珍藏，躲过一次次战乱，最终于1949年捐给了国家。

盂（yú，图32）是一般用来盛水的容器，造型一般为深腹双耳，跟簋非常像。

还有一种更大的盛水器，就是鉴，可以理解为大盆。鉴既能盛水，也能盛冰，用来盛水的时候，水面可以当镜子用，所以后来也把镜子叫作鉴。最有名的鉴是曾侯乙铜鉴缶（图33）。其外是方形鉴，用来盛冰；里面是盛酒的方缶。古人就用这套组合来冰镇酒。

乐器

礼乐制度是周代维护社会秩序的重要手段，祭祀和宴会都要有乐。古人根据制作材料，将乐器分为八种：金、石、土、革、丝、木、匏（páo）、竹。排第一的"金"，就是青铜乐器。

· 铃、铎、铙、钲、钟、镈于、鼓

　　铃是最早出现的青铜乐器之一。青铜铃的发声原理跟今天的铃铛几乎没有区别。寺庙中的铃一般挂在檐角，被自然风吹动发声，因此叫风铃或惊风铃，起到驱逐鸟类的作用。

　　大号的铃，就叫铎（duó，图34）。"晨起动征铎，客行悲故乡。"（《商山早行》）征铎就是拴在马身上的铃铛。比铎再大一点的，是铙（náo，图35）。铙向上开口，有小铙和大铙之分。比铙更大的，叫钲（zhēng，图36）。古代战场上，"击鼓进兵，鸣金收兵"的"金"，指的就是钲。

　　青铜乐器中，最有名的莫过于钟了。

　　钟的开口向下，口沿多为弧形。根据顶部悬挂结构的不同，钟可以分为钮钟和甬钟。著名的曾侯乙编钟（图37）里，最上面一排就是钮钟，用于悬挂的梁孔叫钮；下面两排就是甬钟，用于悬挂的柄叫甬。

　　在这套编钟的下方，有一个特别的钟，外形像钮钟，却挂在甬钟这一排。这个钟叫镈（bó），在演奏中起到定音鼓的作用，一套编钟里只有一个。

　　博物馆里还有一种常见的青铜器，镈于（chún）（图38）。镈于属于军队用乐器，它的顶部往往有一个钮，多是虎形。用绳子系住钮，悬挂在架子上，敲击其肩部，镈于就会发出乐音。

鼓也是军队用乐器。《诗经·击鼓》有云："击鼓其镗，踊跃用兵。"军中常用击鼓来鼓舞斗志。《曹刿论战》中也有"公将鼓之""一鼓作气，再而衰，三而竭"的表述。

鼓的材质有陶和铜。后来，陶鼓、铜鼓逐渐被皮鼓所取代。商朝的崇阳铜鼓（图39），是我国目前所知最早的铜鼓。

兵器

· 戈、矛、戟

前面聊了这么多祭祀用的礼器，接下来，兵器要登场了。我们如今的汉字中，带有兵器或军事意味的字大多带有戈字旁，如战、伐、戕、戎、戒、戍。

戈（图40）是一种双刃带尖、垂直于木柄安装的兵器。作为步兵使用的短兵器，戈搭配的木柄大约一米长，可单手持握。

不过，为什么代表第一人称的"我"字，跟戎、戒、戍一样都是戈字旁？因为"我"最初就是一种兵器。后来，

"我"字取代古语中的"吾"和"余",变成第一人称的代称,这可能是源于古代战争区分阵营的需要。自己这边的士兵都持戈、持我,就简称为"我方"。时间一长,"我"就延伸出自我的意思。

矛是最为人熟知的古代长柄兵器,一个木杆加矛头,大道至简。矛在古代战争中拥有很高的出场率,毕竟刺击高效又省力。吴王夫差矛(图41)无疑是最有名的矛,它一度与越王勾践剑一同展出。

如果把戈与矛结合到一起,就是戟(jǐ,图42)。《释名》中说:"戟,格也,旁有枝格也。"一旁的小枝就是戈,顶端则是用来突刺的矛。不过,宋朝以后,戟就退出了实战,成了纯粹的仪仗工具。

· 斧与钺

斧(图43)和钺(yuè,图44)是博物馆中常见的兵器。通俗来讲,钺就是大板斧,它比斧大,但相对更薄。

斧偏于实用器,较为朴素,制作也显得粗糙。钺一般作礼器使用,纹饰精美,在一定程度上是王权的象征。甲骨文的"王"字,就是斧钺的形状。武王伐纣,手执黄钺。

· 剑、铍、刀

从古至今，剑都是百刃之君、短兵之祖。剑的常规形态为双刃，中间起脊，横截面为菱形。剑的制作工艺复杂。在古代，有地位的人才能佩剑。最有名的"天下第一剑"越王勾践剑（图45），就是国君越王的佩剑。

青铜质地硬且脆，长了易折断，因此，我们在博物馆里看到的青铜剑大多是短剑。到了铁器时代，才普遍铸长剑。

还有一种兵器，是剑与矛的结合体，叫铍（pī，图46）。铍这种武器是将短剑装在长木柄上，使其变为长兵器。即使战场上木柄断了，铍也可以当短剑用。

聊兵器，怎能漏掉刀呢？

早期的刀（图47）受限于青铜的质地，实战价值不如其他兵器。汉朝开始流行铁器之后，劈砍类的刀才成为主流兵器，如汉朝的环首刀（图48）等。

历史上，还有神秘的唐朝陌刀。《旧唐书·李嗣业传》记载，李嗣业横刀立于军前，"当嗣业刀者，人马俱碎"。李嗣业陌刀队的传奇事迹，无疑将陌刀推向了中国古代最强失传兵器的地位。

· 箭、盾、胄

聊完近战兵器，再聊聊远射兵器。

提起远射兵器，人们首先会想起弓箭，我们在博物馆里也常常见到各种箭镞（zú，图 49）。箭镞就是箭头，形制多样，有双翼镞、三翼镞之分。

另一种典型的远射兵器是弩。弩机（图 50），是弩的击发部件。它不像弓箭一样对士兵有体力和技术的要求。弩兵训练时间短、战场收益高。直到火器时代，弩才渐渐退出历史舞台。

盾，古称干。陶渊明诗云："刑天舞干戚，猛志固常在。"（《读山海经·其十》）盾主要以木质和皮革制成，秦始皇帝陵博物院所藏的秦铜盾（图 51），是迄今为止保存最完整的青铜盾。宋之后，盾不再叫盾，而叫牌，所以今天管盾也叫盾牌。

再有就是胄（zhòu，图 52）了。胄就是军人的头盔，跟身穿的铠甲合称为甲胄。胄出现于商朝晚期，青铜胄后来慢慢被铁质的兜鍪（móu，图 53）取代。

通过这些考古发现的青铜器，我们得以触摸到先祖三千年前的脉搏、心跳、泪水、荣耀。过去的历史并不遥远，而是与今天的一切息息相关。

如果不是对自己的民族有永恒的信仰和无限的热爱，我们又怎会成为全世界最重视历史与考古的民族？站在中华文明的时间轴上，回首是为了更好地向前看。

此去千番，征尘漫漫，与诸君共勉！

（全书完）

烧烤史里的性格地图

图1 "上林荣宫"铜方炉
图2 西汉齐王墓 铜方炉
图3 画像石《庖厨图》

古人消夏录

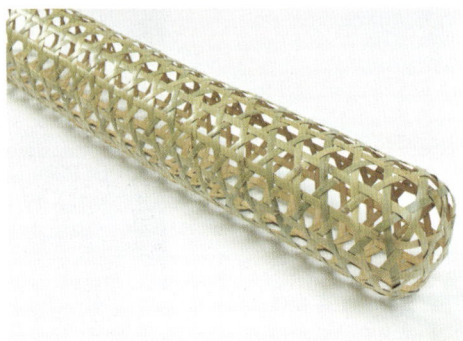

图 1　古代竹衫

图 2　素纱单衣

图 3　竹夫人

256

图 1　玉猪龙
图 2　绿松石龙形器
图 3　蚌塑龙

看懂中国古建筑

图1 故宫中和殿屋顶
图2 北京天坛祈年殿屋顶
图3 唐代佛光寺东大殿屋顶

图4 故宫太和殿屋顶
图5 故宫保和殿屋顶
图6 平遥古城双林寺屋顶

图7 山西王家大院屋顶

图8 北京颐和园谐趣园屋顶

图9 垛墙（右）、宇墙（左）

图10 马面
图11 马道
图12 河南开封安远门

图13 南京中华门瓮城

图14 北京正阳门箭楼

图15 故宫角楼

图16 山西李家大院影壁
图17 石鼓（门枕石）
图18 "福禄寿喜"门簪

图19　喜鹊梅花扇形砖雕

图20　青海塔尔寺

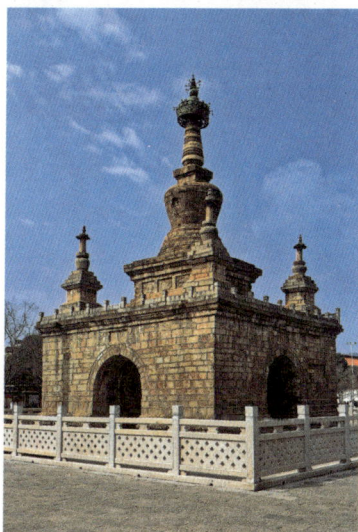

图21 山西应县木塔
图22 山西佛光寺祖师塔
图23 河南登封嵩岳寺塔
图24 云南妙湛寺金刚塔

21│23
22│24

图25　海南三亚南山佛教文化苑经幢塔

钱币：从一枚贝壳说起

图1　贝币
图2　"鬼脸"蚁鼻钱
图3　"各六朱"蚁鼻钱
图4　青铜铲（镈）

1	
2	4
3	

图5　刀币
图6　"珠重一两十四"环钱
图7　秦半两
图8　五铢钱
图9　大泉五十

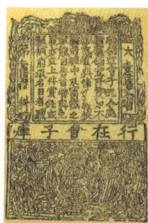

玉器：何以钟情万年？

图1 二里头文化玉璋
图2 二里头文化玉戈

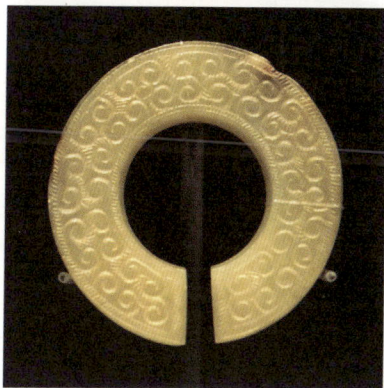

图3 龙纹白玉璧

图4 玉环

图5 云纹玉玦

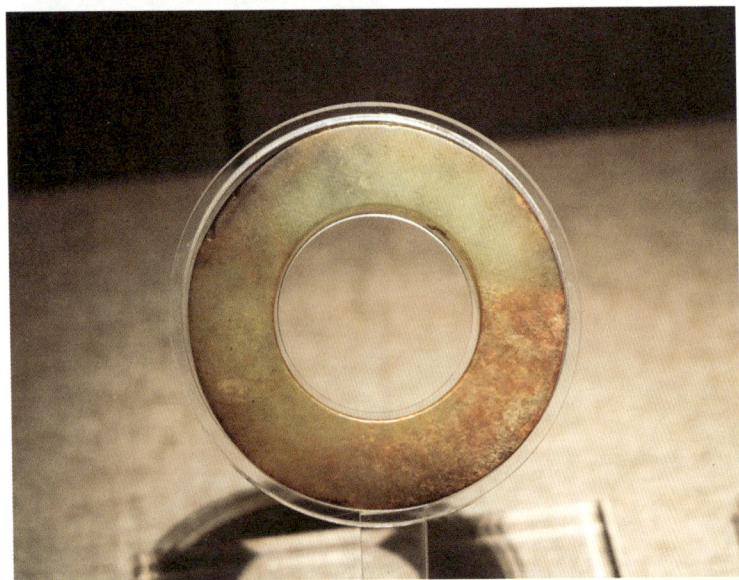

图6 玉珏
图7 玉瑗

图8　玉琮
图9　玉圭
图10　玉璋
图11　玉琥

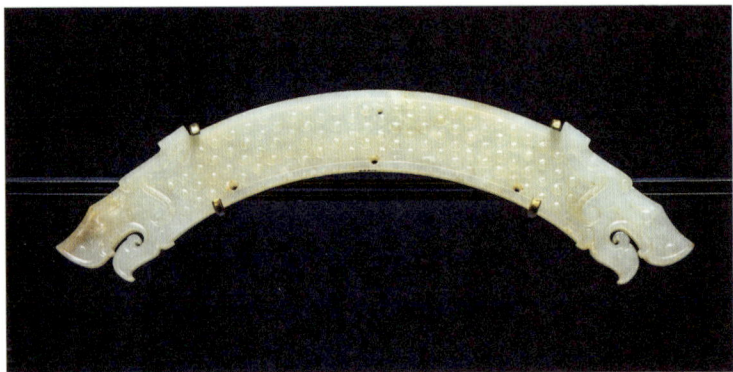

图12　双龙首玉璜
图13　玉韘

图14　龙形觿

图15　蝉形玉琀

图16　白玉握猪

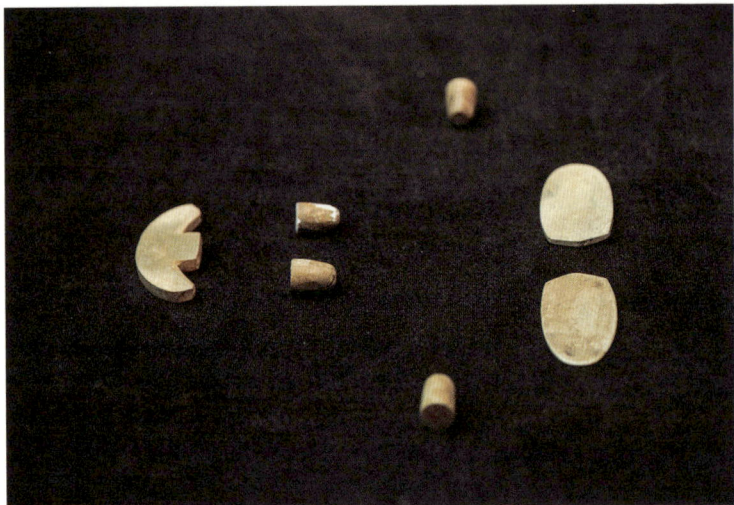

图17 玉九窍塞

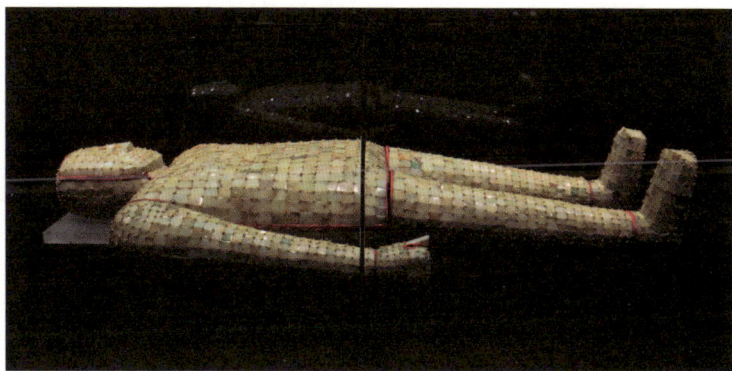

图18 金缕玉衣

青铜器入坑指南

图10　兽面纹分裆青铜鬲　　图13　透雕交龙纹铺　　图16　何尊

图11　曾侯铜瓺　　　　　　图14　兽面纹瓿　　　　图17　四羊方尊

图12　镶嵌几何纹豆　　　　图15　父庚觯　　　　　图18　妇好鸮尊

10	13	16
11	14	17
12	15	18

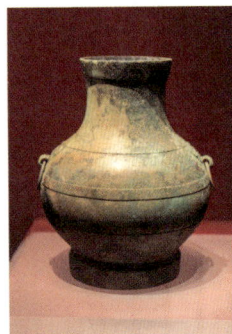

图19　兽形觥　　　　图22　叔牝方彝　　　　图25　莲鹤方壶

图20　鄂侯甗　　　　图23　虎食人卣（复制品）　图26　兽面纹青铜爵

图21　皿方罍　　　　图24　青铜锤　　　　　　图27　宁角

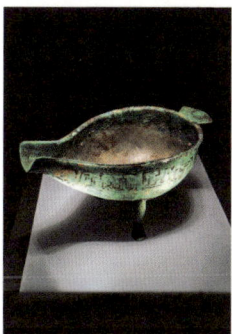

图28 兽面纹青铜斝　　图31 虢季子白盘　　图34 网格乳钉纹铎

图29 伯盉　　　　　图32 永盂　　　　　图35 兽面纹六边形腔青铜铙

图30 窃曲纹匜　　　　图33 曾侯乙铜鉴缶　　图36 虎纹青铜钲

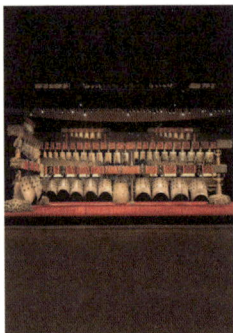
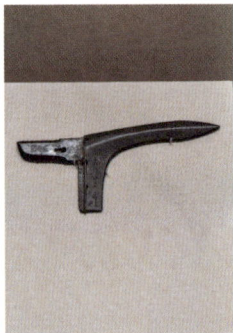

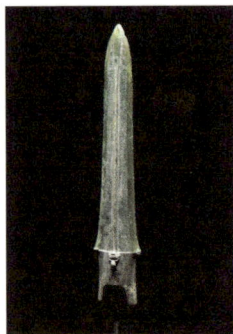

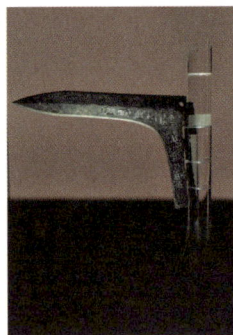
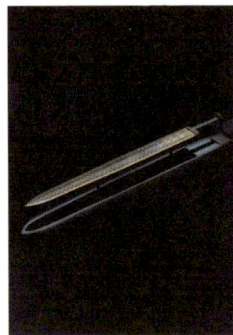

图37　曾侯乙编钟　　　图40　吴王光戈　　　图43　兽面纹斧

图38　虎錞　　　　　　图41　吴王夫差矛　　　图44　透雕龙纹钺

图39　崇阳铜鼓　　　　图42　析君铜戟　　　　图45　越王勾践剑

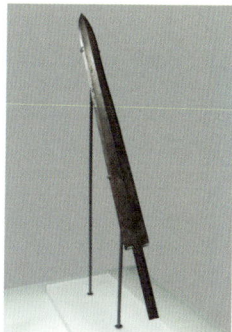

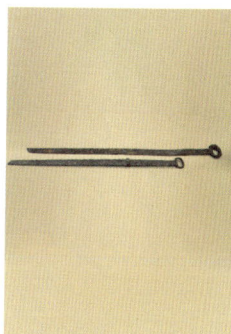

图46　商鞅钺
图47　青铜卷首刀
图48　环首柄铁刀

图49　青铜箭镞
图50　错银卷云纹弩机
图51　秦铜盾

图52　兽面纹青铜胄
图53　兜鍪

古人生活与文化图鉴
浪花姜的华夏百科

作者 _ 浪花姜

编辑 _ 陆璐　　装帧设计 _ 何月婷　　内文设计 _ 廖淑芳　　实习编辑 _ 兀语思

插画 _ 陆云　　技术编辑 _ 顾逸飞　　责任印制 _ 杨景依　　出品人 _ 阮班欢

果麦
www.goldmye.com

以 微 小 的 力 量 推 动 文 明

图书在版编目（CIP）数据

古人生活与文化图鉴：浪花姜的华夏百科 / 浪花姜
著. -- 沈阳：万卷出版有限责任公司，2025.9.
ISBN 978-7-5470-6915-8

Ⅰ. D691.93-64

中国国家版本馆 CIP 数据核字第 20251BQ581 号

出 品 人：王维良

出版发行：万卷出版有限责任公司

　　　　　（地址：沈阳市和平区十一纬路 29 号　邮编：110003）

印 刷 者：北京盛通印刷股份有限公司

经 销 者：果麦文化传媒股份有限公司

幅面尺寸：140 mm×200 mm

字　　数：180 千字

印　　张：9.25

出版时间：2025 年 9 月第 1 版

印刷时间：2025 年 9 月第 1 次印刷

责任编辑：胡　利

责任校对：刘　璠

装帧设计：何月婷

ISBN 978-7-5470-6915-8

定　　价：59.80 元

联系电话：024-23284090

传　　真：024-23284448